Trau dich

Band 1

Trau dich
Kapitel 1

DIE WÄSCHE ...!
TAPP
DIE WÄSCHE ...!
TAPP
TAPP
TAPP
JA ...
SCHON TROCKEN! NA, BEI DEM SCHÖNEN WETTER ...
SCHÖN KAUEN, JA?
JA ...
MAMPF
MAMPF
MAMPF
PUTZ DIR DIE ZÄHNE, WENN DU FERTIG BIST!
JA, PAPA!

PYJAMA, HANDTUCH, …
RASCHEL
… ELTERN-HEFT …
MAMPF
…
WAS IST LOS?
JA …
DU MUSST SCHNELL AUFESSEN. WIR HABEN NICHT SO VIEL ZEIT.
LASS RUHIG WAS ÜBRIG, WENN DU SCHON SATT BIST. MACH DICH SCHNELL FERTIG!
ICH BIN SCHON SATT.
ENTSCHULDIGUNG.
KEIN PROBLEM.
CHIZU, FÜHLST DU DICH EINSAM?
ES TUT MIR LEID, …
… DASS ICH IMMER ARBEITEN MUSS UND KAUM ZEIT FÜR DICH HABE …

NEIN, …
… ALLES IN ORDNUNG!
ICH BIN DOCH SAMSTAG UND SONNTAG BEI MAMA.
UND AM MONTAG HAST DU FREI. ALSO MUSS ICH NUR VIER TAGE DURCHHALTEN.
STREICH
STREICH
DU BIST EIN GANZ TOLLES MÄDCHEN!
LASS UNS AM MONTAG GANZ VIEL UNTERNEHMEN!
JA!
SEIT DER SCHEIDUNG HABE ICH ES IRGENDWIE HINGEKRIEGT, CHIZU ALLEIN ZU ERZIEHEN. DAS KLAPPT ABER NUR, WEIL SIE SO EIN BRAVES KIND IST …
KLACK
NA MENSCH!
GERADE AUS DER KITA ZURÜCK UND JETZT BRINGST DU SIE SCHON WIEDER WEG?

CHIZU VERMISST IHRE MAMA BESTIMMT …
HAST DU IMMER NOCH KEINE NEUE PARTNERIN GEFUNDEN?
NA JA …
CHIZU IST NOCH SO KLEIN. DU VERLANGST WIRKLICH VIEL VON IHR.
ZUM GLÜCK IST SIE SO BRAV …
GRP
WENN IRGENDWAS IST, KOMMT ZU MIR, JA?
JA, VIELEN DANK!
SEIT ICH SINGLE-VATER BIN, HABE ICH EINE SACHE GELERNT …
WIR GEHEN DANN MAL …
DIE NACHBARN ANZULÄCHELN IST SCHWIERIGER ALS DIE LEUTE AM ARBEITSPLATZ.
SURR
DIE FRAU …
… IST DOOF.

...
EIGENTLICH MACHT SIE SICH ...
... NUR SORGEN UM UNS. ALSO REDE NICHT SCHLECHT ÜBER SIE, OKAY?
JA ...
ICH BIN WIEDER DA!
OSAWA!
ICH WOLLTE DICH GERADE ANRUFEN!
WAS IST LOS?
DER CHEF HAT ...
ICH SCHAFFE ES NICHT ALLEIN.
... EINEN HEXENSCHUSS GEKRIEGT UND LIEGT IM BETT.

WIE?
SCHON WIEDER?
NUR GUT, DASS ICH HEUTE FRÜHER GEKOMMEN BIN.
DAS IST DIE MITTEILUNG FÜR DICH.
UFF.
MACH DIR KEINE SORGEN, HEUTE IST JA NICHT FREITAG.
AUSSERDEM IST SCHON FAST ALLES FERTIG.
MACH EINFACH DEINE ARBEIT WEITER, KONISHI!
WENN ICH DEINE HILFE BRAUCHE, SAG ICH BESCHEID.
OKAY.
MIT KINDERERZIEHUNG UND ARBEIT GEHT EIN TAG SCHNELL VORBEI.
KEINE ZEIT, UM AN EINE NEUE PARTNERIN ZU DENKEN.
ICH MACH JETZT DEN LADEN AUF.
OKAY!
KLACK
ICH HAB EINFACH KEINE ZEIT, ...

... MICH ZU VERLIEBEN.
!
EH, HERZLICH WILLKOMMEN.
OSAWA, DU BIST IN LETZTER ZEIT SO KALT ZU MIR.
DAS STIMMT DOCH GAR NICHT!
DAS IST NUR EINBILDUNG.
EHRLICH GESAGT, WEISS ICH MIT SEIICHI YOSHIOKA ...
... NICHT SO RECHT UMZUGEHEN ...
YOSHIOKA ...
OH ...
IHR ÖFFNET GERADE ERST?
DABEI BIN ICH HEUTE SO SPÄT DRAN.

ER IST ZWAR EIN NETTER KERL, ABER …
WIE IMMER?
JEPP!
OSAWA, DU BIST DOCH SINGLE. HAST DU VIELLEICHT LUST, MEIN FREUND ZU WERDEN?
YOSHIOKA IST ANDERS ALS ICH. STÄNDIG VERLIEBT ER SICH IN NEUE LEUTE.
DU WURDEST DOCH ERST VON YUKITO EISKALT ABSERVIERT …
MAL WIEDER …
IN LETZTER ZEIT VERSUCHT ER, MICH SCHON BEI DER BEGRÜSSUNG ANZUMACHEN.
GENAU DESHALB SUCHE ICH JA JEMAND NEUES.
MÖCHTEST DU NICHT MAL WAS NEUES PROBIEREN?
ICH BIN ABER NICHT SCHWUL.
NEIN. DANKE.
DAS GEHT NICHT.
TONK
WIE SCHADE.
ER IST SCHON SO LANGE UNSER STAMMKUNDE …
VIELLEICHT VERSTECKT ER DESHALB NICHT, DASS ER SCHWUL IST …
DANKE!
DA ER OFT SEINE PARTNER UND FREUNDE MITBRINGT, ERFAHRE ICH AUTOMATISCH VIELE DINGE ÜBER IHN.
HALLO!
MEIN FREUND!
SCHON WIEDER EIN ANDERER …

ICH DENKE, IN LIEBES-DINGEN IST ER EIN ZIEMLICH SCHLAMPIGER TYP …
KLACK
HERZLICH WILL-KOMMEN!
TROTZDEM MACHT ER SICH AN SIE RAN. ALS SEIN FREUND IHN ERWISCHTE, MACHTE ER IHM EINE SZENE …
ICH WURDE WIEDER SITZEN GELASSEN.
ER WECHSELT STÄNDIG SEINEN PARTNER …
… UND SEINE ARBEITSKOLLEGEN WAREN EIGENTLICH TABU FÜR IHN. WEIL DAS NUR KOMPLIZIERT WERDEN WÜRDE.
AHA HA HA …
ER LACHT IMMER ZIEMLICH UNGENIERT UND KEINER WEISS, OB ER WIRKLICH EIN SCHLECHTES GEWISSEN HAT.
ICH KANN ECHT NICHT NACH-VOLLZIEHEN, WARUM JEMAND MIT IHM ZUSAMMEN SEIN WOLLEN WÜRDE …
BLICK
HM?
DU DENKST DOCH GERADE AN MICH …!
WILLST DU DOCH MEIN FREUND SEIN?
QUATSCH!
DU TRINKST ZU VIEL UND SOLLTEST BESSER AUF DICH AUFPASSEN.
HMPF.

MACH DIR KEINE SORGEN!
ICH BIN JA GEKOMMEN, UM ZU TRINKEN.
ZWEIMAL FRITTIERTES HÄHNCHEN, EINMAL GERÖSTETE MAKRELE UND EINEN AVOCADO-SALAT BITTE!
HIER DIE BESTELLUNG!
KLAPPER
HERZLICH WILLKOMMEN!
AUSSERDEM ...
... EINMAL STINT UND EINMAL TOFU!
VIELLEICHT WAR ICH ETWAS UN-FREUNDLICH?
ABER ICH HABE HEUTE EH KAUM ZEIT FÜR IHN ...
KRRK

NACHDEM ER MIT YUKITO SCHLUSS GEMACHT HAT, GING ER NICHT GLEICH ZUM NÄCHSTEN. ER VERSUCHTE, SICH NOCH MAL MIT IHM ZU VERSÖHNEN.
WOLLEN WIR ES NICHT NOCH MAL VERSUCHEN?
VERGISS ES!
FASS MICH NICHT AN!
PATSCH
DOCH DARAUS WURDE NICHTS.
ICH DACHTE IMMER, ER WÜRDE DEN LEUTEN, DIE IHN VERLASSEN HABEN, NICHT NACHLAUFEN ...
NIMMST DU DIE MAKRELE UND DAS HÄHNCHEN MIT?
JA KLAR!
DIESMAL WAR ER VIELLEICHT WIRKLICH VERLIEBT ...
GARAAAANG
HERZLICH WILLKOMMEN!
HEY!
DU BIST JA DOCH HIER!
ICH DACHTE MIR SCHON, DASS DU HIER WAS ISST.
DER TYP, ...
... MIT DEM YOSHIOKA FREMDGING ...
SHINGO ...
IST HIER NOCH FREI?
KRRNK

ÄHM … EIN BIER, BITTE!
KOMMT SOFORT.
STIMMT JA, YOSHIOKA WOLLTE IHN TRÖSTEN, WEIL SHINGO GERADE VERLASSEN WURDE.
UND DANN NAHM ER IHN MIT ZU SICH NACH HAUSE UND WURDE VON YUKITO ERWISCHT …
ICH WOLLTE WISSEN, WIE'S DIR SO ERGANGEN IST.
AUF MEINE MAILS ANTWORTEST DU JA KAUM.
NA JA, IRGENDWIE GEHT'S WEITER.
SOLL ICH DICH TRÖSTEN?
GARAAANG
YUKI…

SWUP
AUF WIEDERSEHEN.
ÄH …
IST DAS …
… DER TYP VOM LETZTEN MAL?
JA, GENAU DER …
BAMM
WILLST DU IHM NICHT HINTERHERLAUFEN?
KLAMMER
SOLL ICH?
HM?
WENN DU WIRKLICH WOLLTEST, WÄRST DU SCHON LÄNGST WEG, ODER?
OSAWA, TRÖSTEST DU MICH?
HALLO?!
ICH KANN MIT ALKOHOL UND ESSEN DIENEN, ABER MIT MEHR NICHT …
DANN ALKOHOL.
DANN WILL ICH ABER AUCH.
WAS?
DAS ESSEN HIER IST WIRKLICH LECKER.
DU NIMMST DIE LEUTE, DIE DIR GEFALLEN, IMMER IN SOLCHE RESTAURANTS MIT.
ODER IN BARS UND SO …

UND WENN SIE DANN WEGEN DEM GUTEN ESSEN WIEDERKOMMEN, ...
... LAUFEN SIE GEFAHR, DICH ZU TREFFEN.
ALSO, DEINE EX-FREUNDE.
ER HAT RECHT.
NORMALERWEISE WÜRDE MAN DANN WOANDERS HINGEHEN.
BRZZZZZZ
NA UND?
ES MACHT MIR EINFACH SPASS, MIT JEMANDEM, DEN ICH MAG, WAS LECKERES ZU ESSEN.
„WAS LECKERES."
SCHÖN, DAS ZU HÖREN.
AUCH WENN'S NICHT MEIN RESTAURANT IST ..!
ACH QUATSCH!
DU WILLST DEINE EX-FREUNDE JA BLOSS WIEDERSEHEN, WEIL DU EINSAM BIST.
JA.
DIE FLEISCHBÄLLCHEN BITTE!
DAZU NOCH ...
DESWEGEN SITZT DU GANZ ZUFÄLLIG IN DEINEM STAMMLOKAL RUM.
DU KANNST EINFACH NICHT ALLEINE SEIN!
...

DAS KOMMT ABER SELTEN VOR, DASS ER SO EIN GESICHT MACHT ...
DIE LEUTE ...
... TRINKEN MIT IHM, SELBST WENN SIE MIT IHM SCHLUSS GEMACHT HABEN.
DAS KAPIER ICH NICHT ...

FÜR MICH IST ES SEHR SCHWIERIG, MIT JEMANDEM NOCH SPASS ZU HABEN, …
… WENN DIE BEZIEHUNG EINMAL VORBEI IST …
OB DAS BEI SCHWULEN PÄRCHEN ANDERS IST?
ICH KANN DAS JEDENFALLS NICHT …

KRRNK
ER IST EIN-GESCHLAFEN.
ICH GEH NACH HAUSE.
KÖNNTEST DU IHN VIELLEICHT MIT NACH HAUSE NEHMEN?
SCHNORCH
NEIN.
ER IST ECHT KAPUTT ...
DAS WÄRE EIN GANZ SCHÖN SCHWERES SOUVENIR ...
ABER HEUTE LASS ICH ES LIEBER.
DANKE, ES WAR LECKER!
VIELEN DANK!

YOSHIOKA, SHINGO IST WEG.
MMMM…
SO BETRUNKEN WAR ER JA NOCH NIE.
WILLST DU DICH KURZ HINLEGEN?
DA LANG.
MMH, JA …
RATTER
UND DANN WIEDER SEIN LÄCHELN …
„ICH BIN WIEDER SINGLE!"
ABER ANSCHEINEND HAT ER DOCH NOCH LIEBESKUMMER …
OBWOHL ER SELBER SCHULD IST …
KLACK
FÜR MORGEN IST SCHON ALLES VORBEREITET.
DAS NOCH IN DEN KÜHLSCHRANK UND DANN KANNST DU AUFRÄUMEN.
MACH ICH!
TAPP
TAPP
TAPP
TAPP

TAPP
BIST DU WACH?
KNARZ
HM ...
MÖCHTEST DU ETWAS WASSER?
JA. SORRY ...
SCHON OKAY. KOMMT JA NICHT SO OFT VOR.
WOHNST DU HIER?
NEIN, DAS IST DER PAUSEN-RAUM.
NEBENAN IST DIE UMKLEIDE.
ACH SO ...
PLUMPS
HEY!
DRÜCK
REISS DICH ZUSAMMEN!
UND NIMM DIE FINGER WEG!

DAS KANNST DU BEI DEINEM LOVER …
MEINST DU SHINGO?
GENAU!
ALSO DEINEM EX!
MACH DAS BEI SHINGO BITTE!
DRÜÜÜCK
WIE?
ER HAT DOCH EINEN NEUEN FREUND.
ABER ICH HAB ES IHM ANGESEHEN …
ER IST WIRKLICH EIN GUTER TYP!
ER KAM ZU MIR, WEIL ER SICH SORGEN UM MICH MACHT.
GENAU DAS …
… KANN ICH NICHT VERSTEHEN.
SIE HABEN IMMER NOCH ENGEN KONTAKT, OBWOHL SIE LÄNGST SCHLUSS GEMACHT HABEN …
… UND IN EINER NEUEN BEZIEHUNG SIND.

WIE KOMMT ER MIT SO EINER KOMPLIZIERTEN BEZIEHUNG KLAR ...
OH!
SCHON SO SPÄT!
ACH SO, DIE RECHNUNG ...
SCHON OKAY.
SHINGO HAT BEZAHLT.
TNK
ENTSCHULDIGE, IHR HABT JA SCHON FEIERABEND.
ICH BIN DER ERSTE UND GEHE ALS LETZTES.
OKAY ...
ER IST WIRKLICH WAS BESONDERES.
SCHADE, DASS ICH WEDER SHINGO ...
... NOCH YUKITO ...
... GLÜCKLICH MACHEN KONNTE.
...
WEDER SHINGO NOCH YUKITO NOCH MAKOTO NOCH TAKUYA NOCH YUJI, ...
... ODER?
ODER IRRE ICH MICH?
NEIN, DAS STIMMT SCHON.
HEY, SEI MAL NICHT SO FIES, OKAY?!

ALSO …
LÄCHEL
… AM BESTEN FANGE ICH DOCH EINE NEUE BEZIEHUNG AN!
HAST DU WIRKLICH KEINE LUST, MEIN FREUND ZU WERDEN?
ICH WERDE MICH GANZ DOLL BEMÜHEN!
GRAPP
DEIN PROBLEM IST, DASS DU IMMER SOFORT DEN NÄCHSTBESTEN ANMACHST …
ER IST WIRKLICH EIN PLAYBOY, DER STÄNDIG DEN PARTNER WECHSELT.
ICH KANN DAS NICHT …
NICHT SCHWUL, KEINE ZEIT.
TAPP TAPP TAPP
OSAWA!
RATTER
GERADE …
… HAT JEMAND VON DER KITA ANGERUFEN …

SIE SAGEN, DASS CHIZU FIEBER HAT UND SO SCHNELL WIE MÖGLICH ABGEHOLT WERDEN MUSS.
DAS FIEBER …
… IST WOHL ZIEMLICH HOCH.
SAG ICH DOCH …
ICH KRIEG DAS SCHON HIN MIT DEM AUFRÄUMEN.
KEINE ZEIT FÜR NEUE BEZIEHUNGEN.
OKAY.
DANKE DIR.

Trau dich
Kapitel 2

ENTSCHULDIGUNG!
DA BIN ICH.
DIE KITA HAT MICH ANGERUFEN. CHIZU HAT FIEBER UND MUSS SOFORT ABGEHOLT WERDEN.
CHIZU, DEIN PAPA IST DA.
UWAAAH!
HAH
HAH
UND DEINE ARBEIT?
HAH
ICH HAB FEIERABEND.
ENTSCHULDIGUNG, PAPA ...
HAH
ES GIBT NUR ZWEI KRANKENHÄUSER, DIE UM DIESE ZEIT NOCH NOTDIENST HABEN.
HIER SIND STADTPLAN UND TELEFONNUMMERN.
DANKE.
ICH HOFFE, SIE HABEN EIN AUTO UND SCHAFFEN ES NOCH, BEVOR ZU IST.
WENN CHIZU MORGEN IMMER NOCH FIEBER HAT, KÖNNEN WIR SIE LEIDER NICHT AUFNEHMEN.
AH ...
JA ...
ICH DANKE IHNEN.

HAH HAH
ZUERST MÜSSEN WIR ZUM ARZT …
DAS FAHRRAD STELLE ICH AM BESTEN VORM RESTAURANT AB. DANACH MIT DEM TAXI WEITER …
HAH
HAH
POCH POCH
ABER MORGEN …
ICH MUSS ARBEITEN …
UNSER CHEF IST SCHON KRANK, DA KANN ICH NICHT AUCH NOCH ZU HAUSE BLEIBEN.
DAS SCHAFFE ICH …
… NICHT ALLEINE!
HOFFENT-LICH FINDE ICH JEMAN-DEN, …
… DER AUCH KRANKE KINDER BETREUT …
ALS BERUFSTÄTIGER SINGLE-VATER HAT MAN ÖFTER SOLCHE PROBLEME.
GRP
MEINE FAMILIE WOHNT ZU WEIT WEG …
… UND ICH HABE KEINE BEKANNTEN, DENEN ICH MEINE KRANKE TOCHTER ANVERTRAUEN KANN …
HAH HAH
ICH FÜHLE MICH EINSAM …
WAS MACHEN ANDERE IN SO EINER SITUATION?

KLACK
NUR EIN STÜCKCHEN ...
KANNST DU DICH FEST-HALTEN?
J... JA ...
GRABB
SIE KIPPT DOCH GLEICH UM!
YOSHIOKA?
KOMM MIT!
HÄ? ENTFÜHRUNG!
ICH HABE VON KONISHI GEHÖRT, DASS DU HIER BIST.
GUT, DASS DU NOCH NICHT SO WEIT WEG WARST.

JA, ICH BIN'S.
GENAU DIE, VON DENEN ICH DIR VORHIN ERZÄHLT HABE.
OKAY, WIR SIND GLEICH DA.
WARUM IST YOSHIOKA ...
MANNOMANN ...
Ishihara Arztpraxis
DU WECKST MICH EINFACH SO MITTEN IN DER NACHT!
ENTSCHULDIGEN SIE VIELMALS ...
ES IST DOCH EIN GUTES GEFÜHL, MENSCHEN IN NOT ZU HELFEN, ...
... HERR DOKTOR!
ICH GEBE DIR MEDIKAMENTE. DIE NIMMST DU ZU HAUSE EIN, OKAY?
KRANK WERDEN GEHÖRT ZUM KINDSEIN EINFACH DAZU!
JA.
DIE MEDIKAMENTE ...
NEBENAN IST EINE APOTHEKE ...
DANKE.
HIER, DAS REZEPT.

UND PAPIERSTRESS KOMMT JETZT AUCH NOCH DAZU.
STARR
DAFÜR GEHT DIE NÄCHSTE RUNDE ABER AUF DICH!
STARR
DIESES EHEPAAR MACHT MICH FERTIG ...!
HA, HA ... JA, NA KLAR!
ICH KENNE SEINE FRAU SCHON LANGE.
ÄHM, YOSHIOKA, ...
... ICH MUSS DIR WIRKLICH DANKEN.
SURRRR
KEIN PROBLEM! DAZU IST DAS VITAMIN-B DOCH DA!
MAN MUSS NUTZEN, WAS MAN HAT.
DAS EHEPAAR HAT EINEN GUT BEI DIR, ODER?
ICH DENKE, EHER ANDERS-HERUM ...
UND JETZT ...
... HABE ICH ENDLICH WAS GUT BEI DIR!
MEIN SÜSSER OSAWA!
...
TJA ...
HELFEN UND GEHOLFEN WERDEN. SO FUNKTIONIERT DIE WELT.

SIE SCHLÄFT SCHON.
HAT DEN PAPA GESEHEN UND WAR ERLEICHTERT ...
SIE HATTE HEUTE KEINEN APPETIT ...
TROTZDEM HAT SIE SO GETAN, ALS OB ES IHR GUT GEHT.
ICH MUSS BESSER AUF SIE ACHTGEBEN ...
OH!
ENTSCHULDIGUNG, DASS ICH DICH IN MEINE PRIVATEN PROBLEME HINEINGEZOGEN HABE.
KEIN PROBLEM! ICH MACH DAS GERN.
ÄHM ...
ALSO, DANN BIS BALD ...
WO WOHNT IHR EIGENTLICH?
...
DU VERTRAUST MIR ÜBERHAUPT NICHT, ODER?
ICH HABE KEINE HINTERGEDANKEN. AUSSERDEM SCHLÄFT SIE DOCH GRAD SO GUT.
SCHON OK ...
WIR WOHNEN NICHT GERADE UM DIE ECKE.
ABER DU WOHNST HIER IN DER NÄHE VOM BAHNHOF, ODER?
JA. FAST NEBEN EUREM RESTAURANT.
RICHTUNG OSAWAS WOHNUNG. NOCH EIN GANZES STÜCK.
KINDERGARTEN
YOSHIOKAS WOHNUNG
RESTAURANT
BAHNHOF
KITA
ARZTPRAXIS

MORGEN MUSST DU AUCH ARBEITEN, ODER?
KEINE SORGE! ICH KANN DAS AB.
TAPP TAPP
SURRR
ICH WUSSTE GAR NICHT, DASS DU SCHON EIN KIND HAST.
DARUM HAST DU AUF MEINE ANMACHE NICHT REAGIERT ...
DEINE FRAU ARBEITET WOHL AUCH ...
NEIN ...
WIR HABEN UNS GETRENNT ...
DIE ANMACHE BRINGT NICHTS, WEIL ICH HETERO BIN ...
STOPP
WOHNT DENN KEINER IN DER NÄHE, VON DEM DU HILFE BEKOMMEN KANNST? DEINE ELTERN ZUM BEISPIEL ...
NEIN.
AUCH NICHT ...
WEISST DU SCHON, WER MORGEN AUF DEIN KIND AUFPASST?
MORGEN VERSUCHE ICH AB UND ZU NACH HAUSE ZU FAHREN ...
HIER LANG.
WIE?
IHR SCHLAFT BEI MIR!
DEIN RESTAURANT IST GLEICH UM DIE ECKE.
WA...
ICH HABE NOCH EIN FREIES ZIMMER! UND ZUM ARZT IST ES AUCH NÄHER.
HEY, MEIN FAHRRAD ...!

DENK DOCH MAL DRÜBER NACH, DAS IST GUT FÜR DICH ...
UND VOR ALLEM GEHT ES DEINER TOCHTER BESSER, WENN DU MORGEN IN IHRER NÄHE BLEIBST ...
AUSSERDEM SOLLTE SIE LANGSAM INS BETT.
UND GANZ NEBENBEI BIN ICH DANN NICHT SO ALLEINE ...
ALSO BIS MORGEN KÖNNT IHR SCHON BEI MIR SCHLAFEN, ODER?
FALLS DU MORGEN EINEN BABYSITTER FINDEST, IST ES JA OKAY.
ODER?
...
ER IST IMMER NOCH UNSER STAMMKUNDE ...
WAS SOLL ICH TUN?
ALSO, ...
... HEREIN-SPAZIERT!

POFF
IHR KÖNNT DAS ZIMMER HIER HABEN.
DANKE.
BITTE …
LEG SIE HIERHIN.
ER WOHNT WIRKLICH DIREKT VOR DEM RESTAURANT.
OSAWA, DU GEHST AM BESTEN AUCH GLEICH INS BETT.
DIE SACHEN, DIE DU NOCH BRAUCHST, KANNST DU MORGEN HOLEN, ODER?
DU KANNST JEDERZEIT KOMMEN UND GEHEN.
NACHHER GEBE ICH DIR EINEN SCHLÜSSEL.
ICH HELFE DIR …
JA?
KÜCHE UND KÜHLSCHRANK STEHEN DIR ZUR FREIEN VERFÜGUNG.
DAS BADEZIMMER NATÜRLICH AUCH.
JA …
WILLST DU WAS VON MIR ZUM ANZIEHEN HABEN?
NATÜRLICH. ICH WEISS NICHT, WIE ICH DIR …
HM?
WAS DENN?
FÜR EINE RAUCHERWOHNUNG IST ES …
ICH RIECHE FAST NICHTS …
MERKWÜRDIG …
ACH SO …

ZIGARETTENRAUCH
KNAARZ
HIER RAUCHE ICH.
OH …
JETZT RIECHE ICH ES …
KINDER HABEN KEINEN ZUTRITT!
ABER DU BIST NATÜRLICH WILLKOMMEN! ♡
AUCH GERN SOFORT!
NEIN, DANKE …
GEHST DU INS BETT?
ECHT?
HUSCH
GUTE NACHT!
DER ARZT VORHIN UND DIE WOHNUNG … DAS WAR WIRKLICH EINE GROSSE HILFE …
DIE MEDI-KAMENTE SCHEINEN ZU WIRKEN …
MÜDE
ICH HÄTTE NIE GEDACHT, DASS ICH MAL IN YOSHIOKAS SCHULD STEHEN WÜRDE …

HEUTE WAR ECHT VIEL LOS ...
OSAWA?
MÖCHTEST DU NOCH INS BAD? UND DER PYJAMA ...
SCHLAF DOCH UNTER DER DECKE ...
HÖRST DU? SONST WERDE ICH DIR NOCH WAS ANTUN ...
OSAWA?
ER IST SCHON RICHTIG EINGE-SCHLAFEN ...

RASCHEL
WACH NICHT AUF!
SCHMIEG
WIE EIN EI DEM ANDEREN ...

SCHLAF SCHÖN ...
TPP
HM?
GESTERN BIN ICH ...
... IRGENDWANN EINGESCHLAFEN ...
EGAL ... ICH MUSS GLEICH IN DEN LADEN UND DIE LIEFERUNG CHECKEN.
DANN SAGE ICH DER KITA BESCHEID ...
... UND SUCHE EINEN BABY-SITTER ...
ICH BIN EINFACH SO EINGESCHLAFEN ...
JA ... GUTEN MORGEN ...
SCHON HELL ...
JA ...
ALLES KLAR. GUTE BESSERUNG.
NA, DANN ...
SIE HAT NOCH FIEBER ...
WAR ICH SO MÜDE?
NORMALERWEISE SCHLAFE ICH IN EINER FREMDEN WOHNUNG NICHT SO GUT ...
UND WENN ICH NIEMANDEN FINDE, GEHE ICH ERST MAL DIE SACHEN HOLEN UND SIE BLEIBT HIER ...
RASCHEL

MORGEN!
ICH HAB DAS MIT DEM CHEF GEHÖRT.
WIEDER EIN HEXENSCHUSS? DER WIEVIELTE IST DAS JETZT?
GUTEN MORGEN!
DAS IST DIE BESTEL-LUNG FÜR HEUTE.
DOMM
DAS VIERTE MAL.
ER MEINTE, DASS DU DAS MIT DER KONTROLLE DER BESTELLUNG ÜBERNEHMEN SOLLST …
ER WILL DIR IN ZUKUNFT MEHR VERANTWORTUNG GEBEN, ABER ER WEISS AUCH, DASS DU MIT DEINEM KIND WENIG ZEIT HAST.
ANSTRENGEND, ODER?
JA, …
… ABER ICH BIN FROH, DASS ER VIEL VON MIR ERWARTET.
…
ICH SCHAFF DAS SCHON!
ICH DARF MEINE MITMENSCHEN …
… NICHT BELASTEN …

IST ALLES DA.
MEIN CHEF MEINTE, DASS DIE LEBENSMITTEL, DIE WIR BEI IHNEN KAUFEN, ...
... IMMER GANZ FRISCH SIND.
HAHAHA
DAS FREUT MICH! VON IHM HABE ICH DAS NOCH NIE GEHÖRT.
NA, DANN ...
... SCHÖNEN TAG!
VIELEN DANK!
ES IST SCHWIERIG, NEBEN MEINER ARBEIT NOCH EIN KIND GROSSZUZIEHEN.
TROTZDEM IST ES EIN SCHÖNES GEFÜHL, DASS MEIN CHEF MIR VERTRAUT UND MIR MEHR AUFGABEN GIBT.
BATAMM
MORGEN!
NOCH SO FRÜH.
GUTEN MORGEN.
UM NEUN GEHE ICH WIEDER ZUR ARBEIT.
AH ...
DU HAST SCHON DEINE SACHEN GEHOLT?
JA.

SIE HAT ANSCHEINEND NOCH FIEBER …
ÄHM …
IST ES WIRKLICH OKAY, DASS SIE HEUTE HIER BLEIBT? ICH HABE LEIDER KEINEN BABY-SITTER GEFUNDEN …
IHR KÖNNT SO LANGE HIER BLEIBEN, BIS SIE WIEDER GESUND IST.
WIE GESAGT …
MAN MUSS NUTZEN, WAS MAN HAT … STIMMT'S?
MICH STÖRT ES NICHT. ALSO MACH DIR KEINE GEDANKEN!
„DASS ICH AUSGERECHNET VON DIESEM PLAYBOY HILFE ANNEHME," …
… DENKST DU DOCH, ODER?
NEIN, DENKE ICH NICHT …
NUR EIN BISSCHEN …
LASS DIR EINFACH HELFEN! DAS KOMMT VON HERZEN.
DESWEGEN MACHE ICH MIR JA SORGEN …
ÜBRIGENS, …
… DU HAST NOCH DIE KLAMOTTEN VON GESTERN AN.
MÖCHTEST DU VIELLEICHT KURZ DUSCHEN?
STIMMT JA, DAS WOLLTE ICH EIGENTLICH VORHIN ZU HAUSE MACHEN.
DU MUSST KEINE ANGST HABEN! ICH WERD SCHON NICHT GUCKEN.
…
ICH GLAUB DIR KEIN WORT …

DIE SCHMUTZIGE WÄSCHE KANNST DU EINFACH IN DIE MASCHINE SCHMEISSEN.
DIE HANDTÜCHER SIND HIER.
BEDIEN DICH EINFACH, AUCH FÜR CHIZU.
JA.
VIELEN DANK.
ICH DACHTE, DASS ER EIN SCHLAMPIGER MENSCH IST, ...
NACHLÄSSIG IST ER NUR IN SEINEN BEZIEHUNGEN ...
... ABER ER LEBT SCHON RECHT ORDENTLICH.
ABER LÄSST MAN FREMDE SO EINFACH IN SEINER WOHNUNG SCHLAFEN?
WAHRSCHEINLICH IST ER EINFACH EIN GUTER MENSCH ...
ALLEINE HÄTTE ICH DAS NICHT GESCHAFFT.
KLOPF KLOPF
OSAWA?
DARF ICH REIN?
JA.
KLACK
ENTSCHULDIGE ...
KEIN PROBLEM.
ICH WOLLTE NUR DEN FÖN HOLEN.
STARR
?

…
SCHADE … ICH HATTE EIGENTLICH NOCH EIN BISSCHEN MEHR HAUT ERWARTET …
ERZÄHL KEINEN QUATSCH UND GEH BITTE …
ETWAS GEGENLEISTUNG VON DIR HABE ICH DOCH VERDIENT, ODER?
WAS FÜR 'NE GEGENLEISTUNG?
HAHAHA
KEINE SORGE! ICH BIN KEIN SPANNER.
JA, DAS HOFFE ICH.
BATAMM
HAT ER DAS ERNST GEMEINT ODER ALS WITZ?
DANKE FÜR DIE DUSCHE.
KEIN PROBLEM!
RATTER KLAPPER
ICH WEISS ZWAR NICHT, OB MEIN FRÜHSTÜCK EINEM PROFIKOCH WIE DIR SCHMECKT, ABER …
AH … FRÜHSTÜCK?
KLAPPER
O… OH, DAS WÄRE SEHR NETT!

SOLL ICH DAS ZUM TISCH BRINGEN?
JA, DANKE!
ER DENKT EINFACH AN ALLES … WIR FALLEN IHM VIEL ZU SEHR ZUR LAST …
DASS ER SOGAR FÜR UNS ESSEN MACHT …
TAPP
PAPA …
CHIZU!
KLAPPER
KANNST DU SCHON AUFSTEHEN?
JA!
GUTEN MORGEN!
DU ERINNERST DICH BESTIMMT NICHT AN MICH, HM?
DOCH, VON GESTERN …
GENAU!
WO SIND WIR?
DAS IST DIE WOHNUNG VON YOSHIOKA!
WILLST DU WAS ESSEN?
…
DU KANNST JOGHURT, GÖTTERSPEISE ODER PUDDING ESSEN. DANACH NIMMST DU ABER DEINE MEDIZIN.

PUDDING …
GUUUTES KIND!
WUSCHEL
UWAA …
WUSCHEL
BIS DU RICHTIG GESUND WIRST, BLEIBST DU ERST MAL HIER!
PAPA ARBEITET GANZ IN DER NÄHE. WENN WAS IST, KOMMT ER GLEICH ZU DIR!
JA.
ER KANN GUT MIT KINDERN …
UND ER LÄCHELT JEDEN AN …
NA, DANN …
… FRÜHSTÜCKEN WIR ALLE ZUSAMMEN!
ÄH, …
… JA.
ES LÄUFT IRGENDWIE GANZ NACH SEINEM PLAN.

WOW ...
LECKER!
DAS FREUT MICH.
DU KANNST WIRKLICH GUT KOCHEN. UND TROTZDEM GEHST DU SO OFT ESSEN?
NA JA, ALLEIN ESSEN MACHT KEINEN SPASS, ODER?
AAH, ...
... RICHTIG, DU KANNST NICHT GUT ALLEINE SEIN.
...
OSAWA ...
ÄHM ...
ICH WERDE HEUTE ABEND MIT CHIZU ETWAS KOCHEN, WENN'S DICH NICHT STÖRT.
SAG MIR BITTE, WENN DU EINEN SPEZIELLEN WUNSCH HAST.
WANN KOMMST DU VON DER ARBEIT?
RELATIV FRÜH.
MEINE FIRMA IST NICHT SO WEIT ENTFERNT VON HIER.
ALSO UNGEFÄHR SO WIE GESTERN.
DU MUSST DICH ABER NICHT UM DEN HAUSHALT KÜMMERN.
ICH KANN DAS AUCH MACHEN.

HIER, DEINE MEDIZIN.
LASS MICH DIR WENIGSTENS EIN BISSCHEN HELFEN.
JA.
ICH SCHAUE AM MITTAG EINFACH NOCH MAL BEI CHIZU VORBEI.
DA IST EUER RESTAURANT DOCH BESTIMMT GANZ VOLL, ODER?
ABER ...
WENN WIR SCHON SO WEIT GEKOMMEN SIND, IST DAS AUCH KEIN PROBLEM MEHR, ODER?
TONK
JA ...
ICH DANKE DIR ...
GUT!
IRGENDWIE KANN ICH IHM NICHTS ABSCHLAGEN.
CHIZU, IST DAS FÜR DICH AUCH OKAY?
ICH KOMME NACHHER VORBEI. ALSO, BLEIB SCHÖN IM BETT, JA?
JA!
HIER LÄUFT WIRKLICH ALLES NACH SEINEM PLAN ...

OSAWA ...
KANNST DU MIR DEINE HANDYNUMMER UND E-MAIL-ADRESSE GEBEN?
ICH SCHREIB DIR NACHHER, WIE'S CHIZU GEHT.
KLAR!
GUT!
SUPER!
JETZT HAB ICH DEINE NUMMER!
PIEP
DAS HAT ECHT LANGE GEDAUERT.
SCHRECK
MIST, WARUM HAB ICH NICHT AUFGEPASST?!
WAS IST DAS? EIN TRICK?
ODER EINE BESON-DERE TECHNIK?
PIEP
ABER WAS BLEIBT MIR ANDERES ÜBRIG ...
HEY ...
PIEP
PIEP
AH ...
DIE WÄSCHE IST FERTIG! ICH MACH SCHON.
ER IST WIRKLICH FLEISSIG ...
FLITZ
ÄHM ... DANKE ...
TAPP TAPP

FLATT
FLAPP
IST DEIN PAPA IMMER SO?
SO FLEISSIG?
JA.
WENN ICH SCHLAFE, MACHT ER DIE WASCHMASCHINE VOLL UND GEHT EINKAUFEN.
UND WENN ICH AUFSTEHE, IST ER WIEDER DA. DANN HÄNGT ER DIE WÄSCHE AUF, WIR FRÜHSTÜCKEN ZUSAMMEN UND DANN GEHEN WIR ZUR KITA.
DANACH HOLT ER SIE VON DER KITA AB UND BRINGT SIE ZUR ABENDBETREUUNG …
DEIN PAPA IST SPITZE! OBWOHL ER WENIG ZEIT HAT, …
… KOCHT ER JEDEN TAG WAS LECKERES FÜR DICH, STIMMT'S?
JA!
ER IST GANZ TOLL!

GUTEN MORGEN!
DER CHEF HAT IMMER NOCH HEXENSCHUSS.
MORGEN! DANKE, DASS DU GESTERN ALLEINE AUFGERÄUMT HAST.
WIE GEHT'S CHIZU?
ETWAS BESSER, ABER SIE HAT NOCH FIEBER. ALSO FÄLLT DIE KITA FLACH.
TONK TONK
ÄHM ...
DESHALB WERD ICH MAL ZWISCHENDURCH KURZ ZU IHR GEHEN ...
ALLES KLAR.
LÄSST DU SIE ALLEINE ZU HAUSE?
ÄÄÄÄHM ...
JA, HIER IN DER NÄHE ...
BEI YOSHIOKA?!
WAAAAAS?!
SIEH MAL AN ... SO WENIG VERTRAUEN HAT ER ...
BIST DU DIR SICHER?
DA MACHE ICH MIR EHER SORGEN UM DICH ALS UM CHIZU ...
DIESER YOSHIOKA ...
HAHA

SCHRECK
LÄUFT DA ETWA WAS ZWISCHEN DIR UND IHM?!
QUATSCH. ÜBERHAUPT NICHT.
MACH DEINE ARBEIT!
EHRLICH GESAGT, …
… HAT ER MICH WIRKLICH GERETTET.
ICH WUSSTE ECHT NICHT, WAS ICH SONST MACHEN SOLLTE …
ABER FÜRS NÄCHSTE MAL MUSS ICH BESSER VORBEREITET SEIN.

WIESO KENNT ER SICH EIGENT-LICH SO GUT ...
... MIT KINDERN AUS?
HAT ER KINDER?
MACHT ER AUCH FRAUEN AN?
MIR IST BEIDES RECHT!
VIELLEICHT HAT ER SCHLECHTE ERFAHRUNGEN MIT FRAUEN GEMACHT ... GUT MÖGLICH ...
IN OSAWAS GEDANKEN
ICH DACHTE, DASS ICH IHN SCHON GANZ GUT KENNE ...
ES GIBT ABER NOCH SO VIELE DINGE, DIE ICH NICHT WEISS ...
KLACK
KOMISCHES GEFÜHL, EINFACH SO IN EINE FREMDE WOHNUNG ZU KOMMEN ...
RAH PÜH

EIN BISSCHEN FIEBER HAT SIE NOCH …
IST ABER BESSER GEWORDEN.
LAUT YOSHIOKAS NACHRICHT HAT SIE HEUTE MITTAG SCHON WAS GEGESSEN UND DIE MEDIKAMENTE GENOMMEN …
DAS IST ECHT PRAKTISCH, SO NAH AM RESTAURANT ZU WOHNEN …
MEIN EINDRUCK VON YOSHIOKA HAT SICH ZIEMLICH VERÄNDERT …
ABER …
… WIESO HAT ER SO EINE GROSSE WOHNUNG?
DREI SCHLAF-ZIMMER, …
… OBWOHL ER ALLEINE LEBT …
HAT ER MIT JEMANDEM ZUSAMMEN GEWOHNT?
NA JA, DAS GEHT MICH JA NICHTS AN.
ERST MAL ESSEN MACHEN.
ER HAT SICH WAS GEWÜNSCHT …

FLAPP
ICH BIN WIEDER DA!
HEY!
AH, …
… CHEF!
SORRY, DASS ICH DIR SO VIEL ZUGEMUTET HABE.
DEIN RÜCKEN …
ALLES IN ORDNUNG?
DREITAGEBART UND BRILLE?
ICH HABE MIR EIN SCHMERZMITTEL SPRITZEN LASSEN …
HEUTE IST DOCH FREITAG …
ICH HATTE KEINE KRAFT, MICH AUCH NOCH ZURECHTZUMACHEN …
GEHT'S CHIZU GUT?
JA.
SIE HAT NOCH FIEBER, SCHLÄFT ABER GUT.
DANN IST JA GUT.
STARR
IHR SCHLAFT JETZT BEI YOSHIOKA?
JA … IST IRGENDWIE SO GEKOMMEN.
…
HAT ER DICH ANGEMACHT?
…
GRAPP

NA JA, ICH FINDE, ...
... DASS ER EIN GUTER KERL IST.
ZUMINDEST MEHR ALS ICH DACHTE ...
!!
DU LOBST IHN AUCH NOCH?!
KONISHI, HAST DU DAS GEHÖRT?! DA MUSS WAS PASSIERT SEIN!
ALSO DOCH!
NEIN, ERNST-HAFT ...
ER HILFT MIR WIRKLICH AUS DER PATSCHE.
ALSO IST DOCH WAS PASSIERT!!
YOSHIOKA, DIESER TEUFEL!
GENAU!
SCHON GUT ...
HATSCHI
OH?
JEMAND REDET ÜBER DICH ... BESTIMMT NICHTS GUTES.
...

OH, MEIN HANDY ...
DU WEISST, DASS ICH DAS NICHT SO GERN SEHE!
TELEFONIEREN NUR IM NOTFALL!
ENTSCHULDIGE, NUR KURZ.
WAS SOLL DAS DENN WERDEN?
MACH'S DOCH SO, WIE ICH ES DIR BEIGEBRACHT HABE!
JA! ENTSCHULDIGUNG ...
KAUM IST ER DA, MUSS ER WIEDER ...
WÜSCH
KANA
090
KANA ...
STIMMT, ICH HATTE ES VERGESSEN ...
„DIESE WOCHE SEHE ICH MAMA WIEDER."
SIE WIRD ENTTÄUSCHT SEIN, ...
... ABER ES IST WOHL BESSER, DAS TREFFEN AUF NÄCHSTES MAL ZU VERSCHIEBEN.
JA, HALLO?

Trau dich
Kapitel 3

DU BIST NIE ZU HAUSE ...
WENN ICH MICH ALLEIN UM CHIZU KÜMMERN MUSS, ...
... WOZU SIND WIR DANN ÜBERHAUPT ZUSAMMEN?
IMMER, ...
... IMMER DENKST DU, ...
... DASS ALLES IN ORDNUNG IST, SOLANGE DU NUR ARBEITEST.
DU ERWARTEST ZU VIEL VON MIR!
ICH KANN ...
... NICHT MEHR ...
EINE SZENE WIE AUS EINEM FILM ...
ICH DACHTE MIR SCHON, DASS ES LETZTENDLICH SO KOMMT ...
ENT-SCHULDI-GUNG.
ABER ICH WUSSTE EINFACH NICHT, ...
... WAS ICH TUN SOLL ...
ALSO HAT KANA ...
... CHIZU BEI MIR GELASSEN UND IST GEGANGEN.

ICH HABE MICH WIRKLICH ÜBER MEIN KIND GEFREUT.
SEIT ICH EINE FAMILIE HATTE, HABE ICH WIE EIN VERRÜCKTER GEARBEITET …
ABER MEIN FLEISS HAT UNS NICHT UNBEDINGT GLÜCKLICH GEMACHT.
WO IST MAMA?
AB HEUTE LEBEN WIR BEIDE ZU ZWEIT.
DU WIRST DICH VIELLEICHT ETWAS EINSAM FÜHLEN … SCHAFFST DU DAS?
JA, DAS SCHAFF ICH.
ICH GEHE MORGENS FRÜH ZUR ARBEIT UND KOMME IN DER NACHT ZURÜCK.
VON ANFANG AN HATTEN WIR WENIG ZEIT FÜREINANDER …
WIESO HABE ICH GEDACHT, DASS UNSER GEMEINSAMES LEBEN AUF ANHIEB FUNKTIONIEREN WÜRDE, WENN WIR HEIRATEN?

AUF WIEDERSEHEN!
TAPP
TAPP
DAS WAR DER LETZTE ...
... UND IRGENDWIE HAT MEIN RÜCKEN BIS JETZT DURCH-GEHALTEN.
KLAPPER
ICH SCHLIESSE MAL ZU!
GUT.
KOPFSCHMERZ
...
IST DAS DIE ERSCHÖPFUNG ...?
OSAWA ...
DU KANNST SCHON GEHEN.
WIR SCHAFFEN DAS ZU ZWEIT.
GEH NACH HAUSE UND KÜMMERE DICH UM CHIZU!
ABER ...

SAG EINFACH DANKE UND GEH NACH HAUSE!
ALLES KLAR?!
NIX ABER!
BATSCH
AUA!
ENTSCHULDIGUNG ...
... UND VIELEN DANK ...
OSAWA ...
JA?
GEHST DU WIEDER ZU YOSHIOKA?
JA ...
DANN ...
... PASS GUT AUF DICH AUF!
NICHT, DASS DU DEINE JUNGFRÄULICHKEIT VERLIERST!
DU KANNST IHN ECHT NICHT LEIDEN, WAS?
ICH VERSTEH DIESEN FLATTERHAFTEN TYPEN EINFACH NICHT.
BIS VOR KURZEM ...
... DACHTE ICH GENAUSO ...

DAS LICHT IST AN ...
HALLO!
HALLO ...
DU BIST NOCH WACH?
JA, ABER CHIZU SCHLÄFT SCHON.
SIE HAT KEIN FIEBER MEHR UND HAT GUT GEGESSEN.
ZZZ ...
SCHIEB
ICH DANKE DIR ...
KRRK
KATCHACK

KEIN PROBLEM!
JA.
WILLST DU KAFFEE?
TNK
ICH MUSS MICH AUCH BEDANKEN ...
... FÜRS WÄSCHE-WASCHEN ...
... UND DAS LECKERE ESSEN!
BUBUMM
...
WAS?
NA, ICH DACHTE NUR ... DASS DU VERANTWOR-TUNGSVOLLER BIST, ALS ICH MIR VORGESTELLT HABE ...
GANZ EHRLICH.
WAHRSCHEINLICH TAPPEN DIR SO VIELE TYPEN IN DIE FALLE, WEIL DU SO AUFMERKSAM UND RÜCKSICHTSVOLL BIST ...
DA WERDEN SOGAR MÄNNER SCHWACH ...
WAS MEINST DU DAMIT ...?

ICH MEINE, WENN DU ...
... NUR MIT EINER EINZIGEN PERSON EINE BEZIEHUNG AUFBAUEN WÜRDEST, ...
... WÜRDE ES SICHER LANGE HALTEN.
TONK

OSAWA, WENN ICH WIRKLICH ...
... NUR DICH LIEBEN WÜRDE, ...
... WÜRDEST DU DANN MIT MIR GEHEN?
WILL ER SICH SCHON WIEDER ÜBER MICH LUSTIG MACHEN?
WIR ...
... GEHEN SOFORT NACH HAUSE, WENN CHIZU WIEDER GESUND IST.
DAS WAR WOHL EIN KORB ...
IHR KÖNNT DOCH WEITER HIER WOHNEN.
ACH, SO EIN QUATSCH!
WENN CHIZU UND ICH HIER SIND, KANNST DU DEINEN FREUND NICHT MIT NACH HAUSE BRINGEN.
ÄHM, ALSO ...
...
DOCH EIN EINS A KORB.
SOGAR ZWEI MAL HINTER-EINANDER.
HMM ...

ABER WENN DU HIER BLEIBST, WIRD ALLES VIEL EINFACHER ...
JA, ...
... WEIL DU MIR SO VIEL HILFST ...
„DU ERWARTEST ZU VIEL VON MIR!"
ICH KANN NICHT IMMER AUF ANDERE ANGEWIESEN SEIN.
ICH MUSS ES AUCH ALLEIN SCHAFFEN.
FINDEST DU NICHT, DASS ES MANCHMAL ZU VIEL IST?
ODER HAST DU NIE ÜBERLEGT, CHIZU IRGENDWO UNTERZU-BRINGEN?
MEINT ER DAMIT, ...

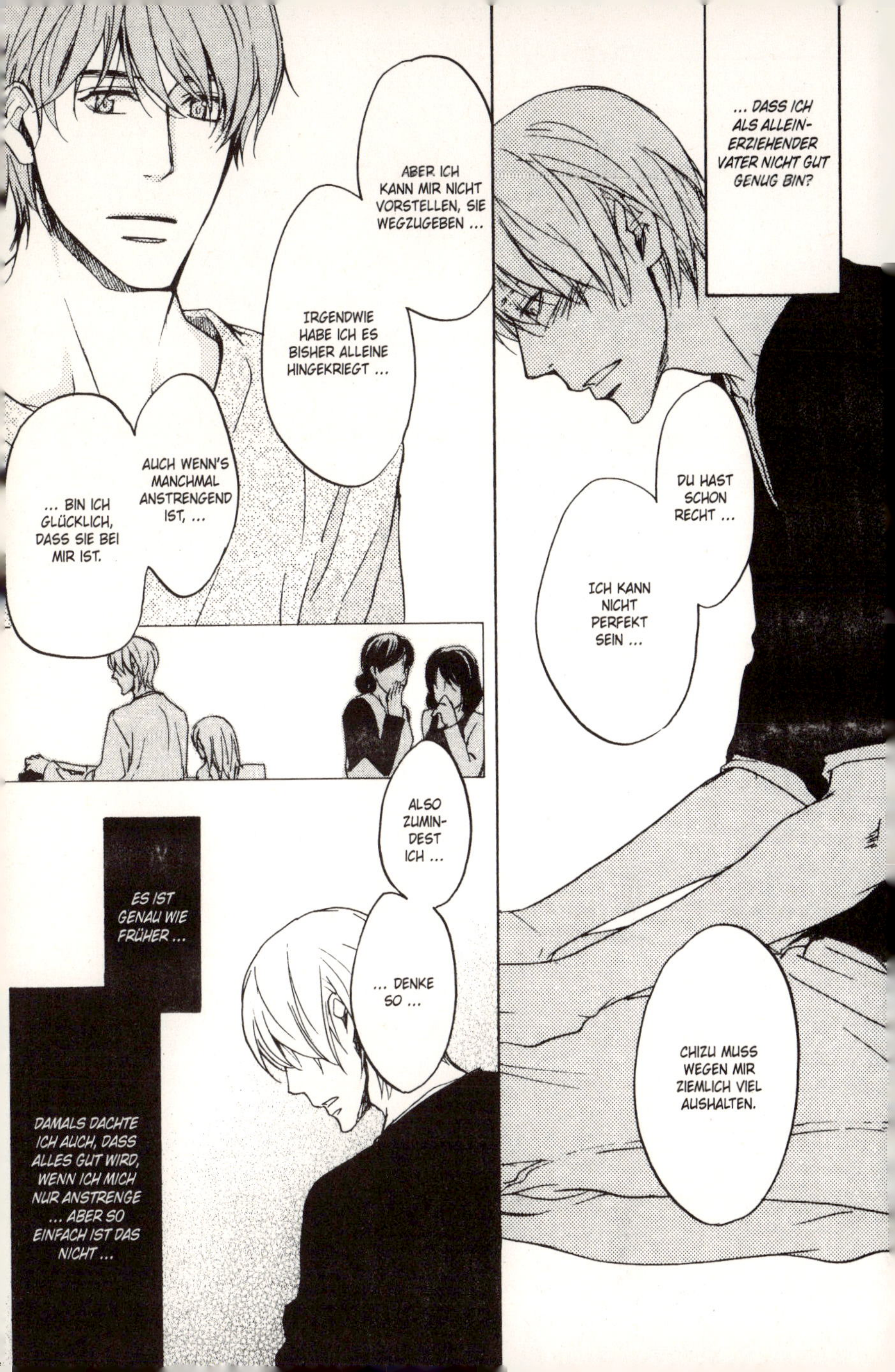
... DASS ICH ALS ALLEIN-ERZIEHENDER VATER NICHT GUT GENUG BIN?
DU HAST SCHON RECHT ...
ICH KANN NICHT PERFEKT SEIN ...
CHIZU MUSS WEGEN MIR ZIEMLICH VIEL AUSHALTEN.
ABER ICH KANN MIR NICHT VORSTELLEN, SIE WEGZUGEBEN ...
IRGENDWIE HABE ICH ES BISHER ALLEINE HINGEKRIEGT ...
AUCH WENN'S MANCHMAL ANSTRENGEND IST, ...
... BIN ICH GLÜCKLICH, DASS SIE BEI MIR IST.
ALSO ZUMIN-DEST ICH ...
... DENKE SO ...
ES IST GENAU WIE FRÜHER ...
DAMALS DACHTE ICH AUCH, DASS ALLES GUT WIRD, WENN ICH MICH NUR ANSTRENGE ... ABER SO EINFACH IST DAS NICHT ...

ENTSCHUL-DIGE ...
DAS HABE ICH NICHT GEMEINT.
ICH GLAUBE, DASS DU WIRKLICH EIN GUTER VATER BIST!
UND CHIZU IST GLÜCKLICH, ...
... WENN SIE BEI DIR SEIN KANN.
...
PIEP PIEP
IST DAS WIEDER EINER SEINER TRICKS?
DEIN WASSER IST FERTIG.

GEH ERST MAL BADEN!
ICH GEHE IN MEIN ZIMMER. MACH DANN DAS LICHT AUS.
UNTEN WOHNT KEINER. ALSO MUSST DU NICHT SUPERLEISE SEIN.
ÄHM ... OKAY.
KLONK
KEINE SORGE, ICH KOMM SCHON NICHT REIN.
...
JA, DAS WÄRE NETT ...
PLATSCH
HAH
IRGENDWIE ...

SOWOHL MEIN CHEF ALS AUCH YOSHIOKA SIND NETT ZU MIR ...
... WERDE ICH IN DEN LETZTEN TAGEN TOTAL VERWÖHNT ...
„DANKE FÜR DAS LECKERE ESSEN!"
„ICH GLAUBE, DASS DU WIRKLICH EIN GUTER VATER BIST!"
ICH WILL NICHT UNBEDINGT ...
... VON ANDEREN LEUTEN GELOBT WERDEN ...
ABER WENN ICH UNSICHER BIN UND MIR JEMAND SAGT, DASS ICH ES RICHTIG MACHE, ...

... DANN BIN ICH SCHON ERLEICHTERT.
NEIN!
DAS HEISST ABER AUF KEINEN FALL, ...
KOMM ENDLICH KLAR!
PLATSCH
... DASS ER MICH IN DER HAND HAT!
TROPF
TAUMEL
AH ...
VERDAMMT ...

PADAMM
OSAWA, WAS IST LOS?
KLOPF KLOPF
STILLE
ICH KOMME REIN, JA?
OSAWA?!

Trau dich
Kapitel 4

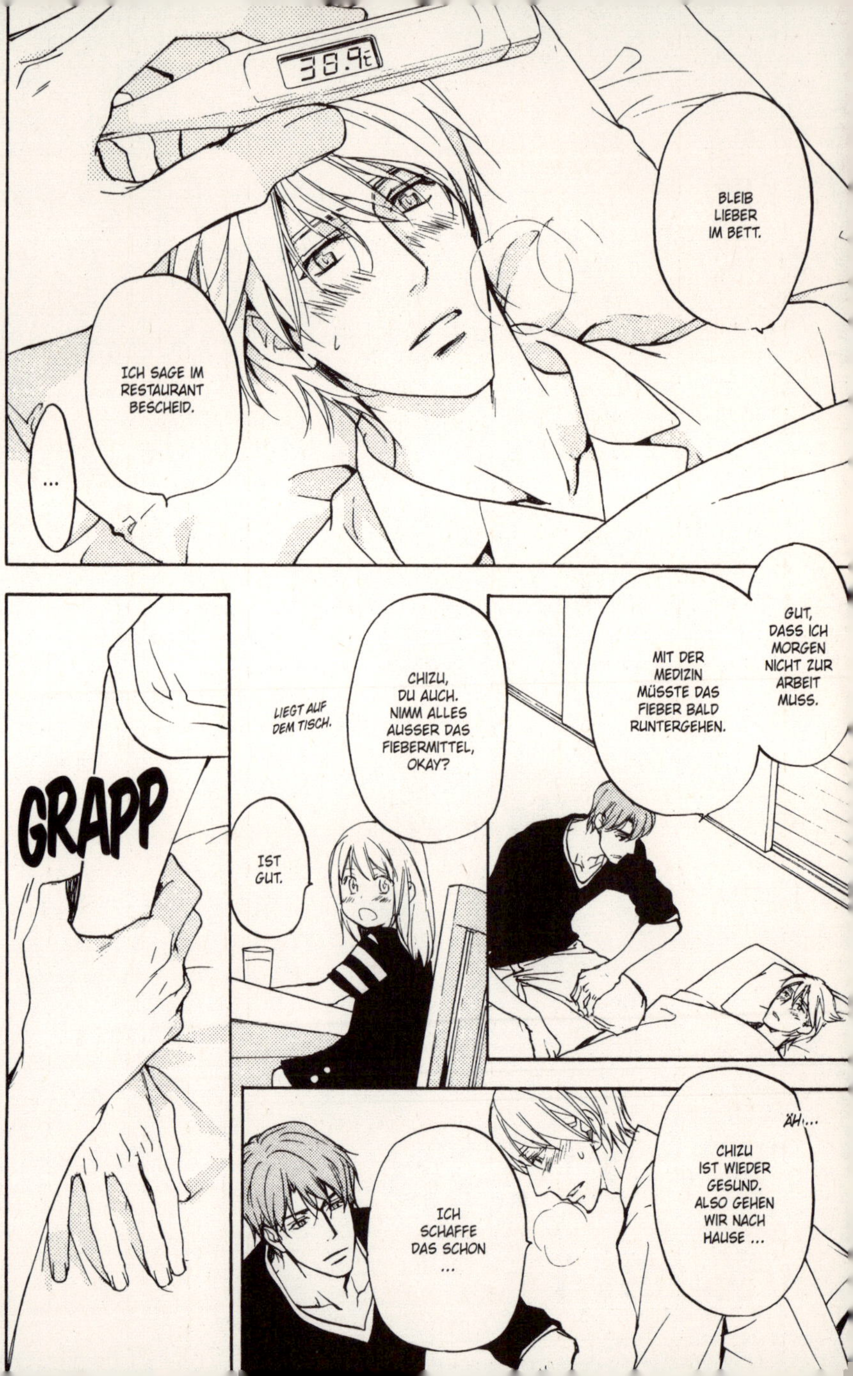
38.9℃
BLEIB LIEBER IM BETT.
ICH SAGE IM RESTAURANT BESCHEID.
...
GUT, DASS ICH MORGEN NICHT ZUR ARBEIT MUSS.
MIT DER MEDIZIN MÜSSTE DAS FIEBER BALD RUNTERGEHEN.
CHIZU, DU AUCH. NIMM ALLES AUSSER DAS FIEBERMITTEL, OKAY?
LIEGT AUF DEM TISCH.
IST GUT.
ÄH ...
CHIZU IST WIEDER GESUND. ALSO GEHEN WIR NACH HAUSE ...
ICH SCHAFFE DAS SCHON ...
GRAPP

UWAAH!
BOFF
...
ICH HAB'S DIR SCHON MAL GESAGT.
AKZEPTIER EINFACH MAL DIE HILFE ANDERER!
ABER ...
KEIN ABER!

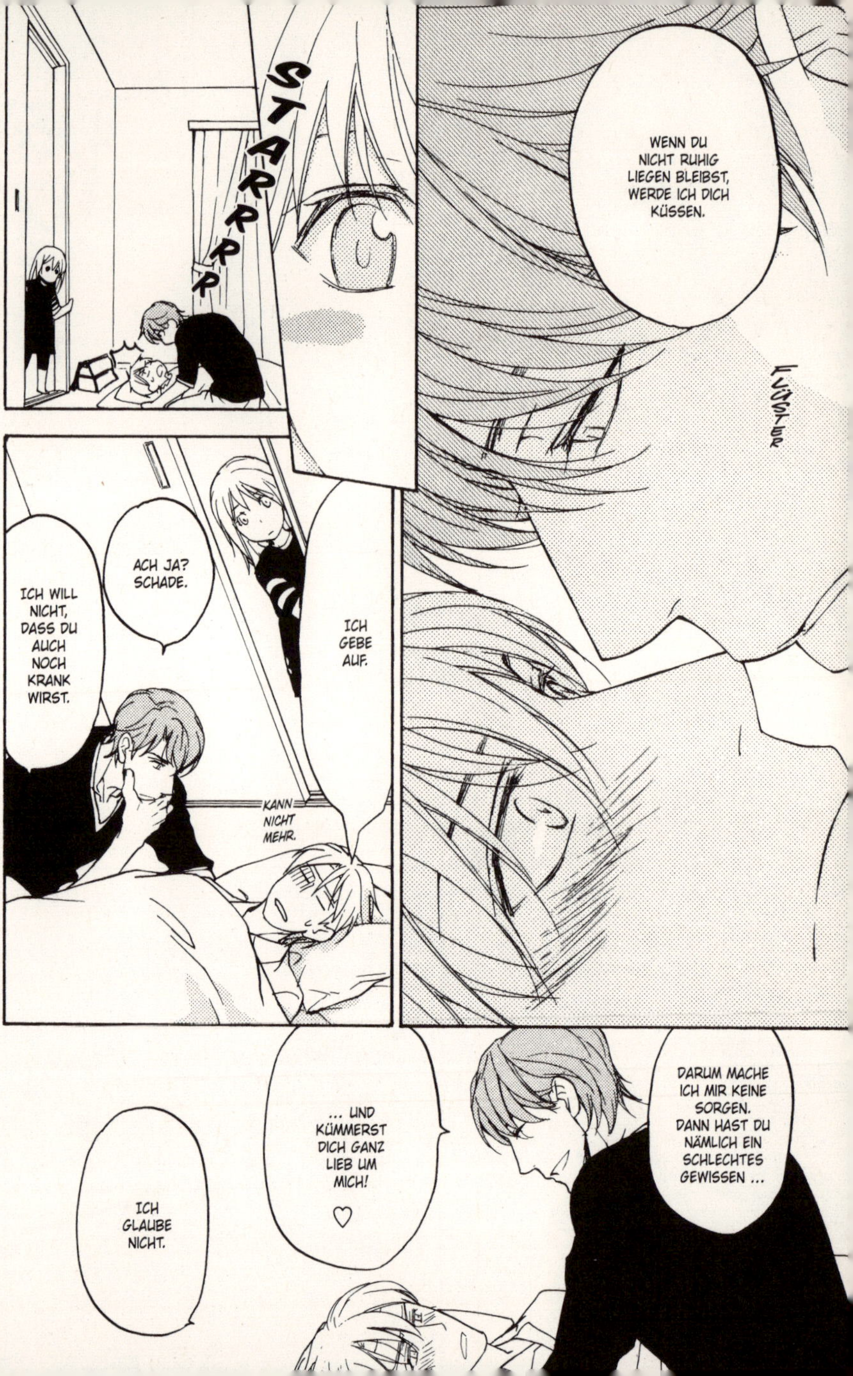
WENN DU NICHT RUHIG LIEGEN BLEIBST, WERDE ICH DICH KÜSSEN.
FLÜSTER
STARRRRR
ICH GEBE AUF.
KANN NICHT MEHR.
ACH JA? SCHADE.
ICH WILL NICHT, DASS DU AUCH NOCH KRANK WIRST.
DARUM MACHE ICH MIR KEINE SORGEN. DANN HAST DU NÄMLICH EIN SCHLECHTES GEWISSEN …
… UND KÜMMERST DICH GANZ LIEB UM MICH! ♡
ICH GLAUBE NICHT.

TUT MIR LEID, CHIZU. EIGENTLICH WOLLTEST DU JA HEUTE ZU MAMA …
NEIN.
KEIN PROBLEM!
SIE MUSS SCHON WIEDER ETWAS WEGEN MIR AUFGEBEN …
TUT MIR WIRKLICH LEID …
BLEIB RUHIG LIEGEN! ICH GEH EINKAUFEN.
FALLS WAS IST, RUF MICH EINFACH AUF DEM HANDY AN!
ABER ES IST JA GLEICH UM DIE ECKE …
CHIZU, KOMMST DU MIT?
JA.
PAPA WIRD SCHNELLER WIEDER GESUND, WENN DU IHN RUHIG SCHLAFEN LÄSST.
JA.
ER KANN ECHT GUT MIT KINDERN UMGEHEN …
WIR GEHEN DANN …
BIS SPÄTER …
BATAMM
…

YOSHIOKA WAR WIE IMMER ...
HAH
... PLÄTSCHER
OSAWA ...
OSAWA!
HÖRST DU MICH?!
HAH
HAH
YOSHIOKA ...
PLATSCH
KEI ...
KEINE SORGE! ICH KANN ALLEIN ...
DAS GLAUBE ICH NICHT.
HALT DICH FEST!
NEIN, DAS GEHT SCHON ...
DEINE KLAMOTTEN WERDEN NASS ...

DU MUSST DICH NICHT SCHÄMEN! KOMM SCHON!
HALT DICH RICHTIG FEST!
JA …
ES IST ALLES ZIEMLICH VERSCHWOMMEN …
ABER ICH ERINNERE MICH, DASS ER MICH ABGETROCKNET UND SOGAR ANGEZOGEN HAT …
KLAR, MUSS ICH MICH IN SO EINEM FALL NICHT SCHÄMEN, …
… ABER YOSHIOKA IST NUN MAL ANDERS …
ICH LIEBE MÄNNER (SEHR)! ♥

ICH HOFFE NUR, DASS HEUTE NICHT SO VIEL BETRIEB IST.
OH MANN … ICH BELASTE DIE LEUTE SCHON WIEDER …
„AKZEPTIER AUCH MAL DIE HILFE ANDERER!"
ICH WEISS NICHT, …
… WIE WEIT ICH MICH AUF ANDERE VERLASSEN DARF …
YOSHIOKA ÜBERTREIBT'S ABER TROTZDEM …
CHIZU, MAGST DU UDON-NUDELN?
JA!
DANN ESSEN WIR HEUTE UDON.
MAMA, MEIN HAARGUMMI IST ABGE-GANGEN.
HM?
DEN HAST DU DOCH SELBST ABGE-MACHT.
ICH MACH'S NACHHER, OKAY?
NAA-AAIN!
JETZT!
HÖR AUF ZU QUENGELN!

WIR SIND WIEDER DAAA!
CHIZU ...!
DEINE HAARE ...!
YOSHI HAT DAS GEMACHT!
YOSHI ...?
HERR YOSHIOKA KLINGT ZU DISTANZIERT UND BEI ONKEL YOSHIOKA FÜHL ICH MICH ZU ALT ...
ICH WOLLTE IHR JA LIEBER EINEN PFERDESCHWANZ MACHEN ...
TRAURIG?
DAS HAST DU GUT GEMACHT ...
ICH KANN SO WAS ...
... GAR NICHT ...
GEFÄLLT'S DIR?
JAAA!

Sie hat so weiche Haare, da ist es nicht einfach.
Komm, störe deinen Papa nicht ...
Aber ich kenn mich damit aus.
Früher hat sich ihre Mutter um die Haare gekümmert.
Hm ...?
Du kennst dich aus?
Hast du Kinder ...?
Nein, ich stehe nur auf Männer.
Äh ... dann ...
... Geschwister ... ... oder so?
Zuck
Ja, so was Ähnliches.
So was Ähnliches ?
?
Chizu, freust du dich?
Ja!
Na dann, leg du dich lieber hin.
Ja ...
Ich mache zum Mittag Reissuppe und zum Abend Udon-Nudeln, okay?
Danke.

ICH KONNTE MITTAGS KAUM WAS ESSEN. ICH HABE DIE MEDIKAMENTE GENOMMEN UND MICH WIEDER HINGELEGT.
ANGENEHME GERÄUSCHE AUS DER KÜCHE UND DAS LACHEN DER BEIDEN ...
TONK TONK TONK TONK
RATTER
HA HA HA HA
RICHTIG SPÜLEN, JA?
JAAA.
RAUSCH
TONK TONK TONK
DURCH EIN LEISES GERÄUSCH ...
... BIN ICH WIEDER AUFGEWACHT.
CHIZU LACHT AUCH ...
SIE HAT RICHTIG SPASS ...
SIE WAR SCHON LANGE NICHT MEHR SO FRÖHLICH.
DAS LEBEN, MIT YOSHIOKA WÄRE VIELLEICHT WIRKLICH GUT FÜR SIE.

KLACK
DAS ESSEN IST FERTIG.
ESSEN!
KANNST DU AUFSTEHEN?
ÄH …
JA …
EIGENTLICH HABE ICH KEINEN HUNGER …
WIR HABEN VIELE LAUCH-ZWIEBELN REINGEMACHT.
LAUCH-ZWIEBELN SIND GUT GEGEN ERKÄLTUNG!
AUCH WENN DU WENIG APPETIT HAST, MUSST DU SCHON WAS ESSEN.
JA.

ICH HAB GEHÖRT, …
… DASS DAS FIEBER RUNTERGEHT, WENN MAN SICH SO EINE LAUCHZWIEBEL IN DEN POPO STECKT.
ICH ESSE JA!!
ICH ESSE DIE NUDELN UND NEHME DIE MEDIKAMENTE!
SELBSTVERSTÄNDLICH!
…
WIESO GUCKST DU DENN SO?!
UND WAS BEDEU-TET DEIN ERNSTER BLICK?!
IST DOCH NICHT SO SCHLIMM, WENN MAN DEINEN PO SIEHT.
!!
?
GENAU DAS WILL ICH ABER NICHT!
ERRÖT
ICH HABE KEINE HINTER-GEDANKEN.
DEINE AUGEN SAGEN ABER WAS ANDERES!
MANN …
WENN ER NICHT GERADE SOLCHE WITZE REISST, IST ER WIRKLICH IN ORDNUNG.
ACH SO, ÜBRIGENS …

DU BIST BESTIMMT VERSCHWITZT, ODER? DAS KANNST DU ANZIEHEN ...
HIER SIND AUCH TASCHENTÜCHER ...
AH ...
SOLL ICH DIR BEIM ANZIEHEN HELFEN?
NEIN, DANKE!
DANN KOMM NACH, WENN DU FERTIG BIST.
CHIZU, HILFST DU MIR, DEN TISCH ZU DECKEN?
JA!
BATAMM
...
ER KANN SO GUT MIT KLEINEN KINDERN UMGEHEN.
WER IST ER EIGENTLICH?

KLACKER
WILLST DU NICHT MEHR?
TUT MIR LEID ...
RRRT
KEIN PROBLEM. NIMM DIE MEDIKAMENTE UND LEG DICH WIEDER HIN!
ENT-SCHULDIGE, CHIZU ...
PAPA, ALLES IN ORDNUNG?
JA ...
MEISTENS HAT MAN ABENDS MEHR FIEBER.
RUH DICH AUS.
DEN REST MACHE ICH SCHON.
„AKZEPTIER AUCH MAL DIE HILFE ANDERER."
...

ICH DANKE DIR ...
SEHR GUT
HÖR AUF DAMIT ...
ERRÖT
IRGENDWIE HABE ICH DEN EINDRUCK, ...
... DASS ER NICHT NUR CHIZU, ...
... SONDERN AUCH MICH ERZIEHT.

Trau dich
Kapitel 5

DER DRITTE MORGEN, SEIT WIR BEI YOSHIOKA WOHNEN …
VIELEN DANK FÜR DAS ESSEN …
ICH HÄTTE NIE GEDACHT, DASS MIR EIN FREMDER EINMAL DERARTIG VIEL HELFEN WÜRDE …
DU HAST ALLES AUFGEGESSEN, OBWOHL DU WENIG APPETIT HATTEST, ODER?
HIER, DEINE MEDIKAMENTE.
LEG DICH NOCH MAL HIN. DU HAST IMMER NOCH EIN BISSCHEN FIEBER.
ICH WOLLTE ALLES AUFESSEN …
DANKE …
GESTERN HABE ICH SCHON WAS ÜBRIG GELASSEN.
NA JA. BESSER, ALS WENN DU GAR NICHT ESSEN KÖNNTEST.
SONST BIST DU IMMER SO ERNST …
DU BIST IRGENDWIE LUSTIG, …
ICH BIN GAR NICHT LUSTIG.
DU HAST UNS SCHON SO VIEL GEHOLFEN. ICH MUSS JETZT SO SCHNELL WIE MÖGLICH WIEDER GESUND WERDEN UND DANN GEHEN WIR.
IHR KÖNNT RUHIG WEITER HIER WOHNEN BLEIBEN.

SCHON WIEDER?
SAG DAS NICHT EINFACH SO DAHIN …
ICH WEISS, DASS ES NICHT SO EINFACH IST.
ABER ICH SCHLAG'S DIR VOR, WEIL DU DADURCH WENIGER ARBEIT HÄTTEST …
… UND WEIL ICH GERNE MIT CHIZU UND DIR ZUSAMMENWOHNE.
ICH MAG YOSHI AUCH!

WIR HABEN NUR EINIGE TAGE ZUSAMMENGELEBT ...
DA WÜRDEN MIT SICHERHEIT NOCH VIELE PROBLEME ...
DAS IST DOCH ...
... GANZ NORMAL, WENN MAN MIT JEMANDEM ZUSAMMENWOHNT.
SAGT ER DAS, ...
... WEIL ER DAS SCHON OFT ERLEBT HAT?
ODER DENKT ER EINFACH NICHT SO VIEL DARÜBER NACH?
PAPA, WENN DU AUFGEGESSEN HAST, MUSST DU DIR DIE ZÄHNE PUTZEN.
UND DANN MUSST DU DICH HINLEGEN.
GENAU ...

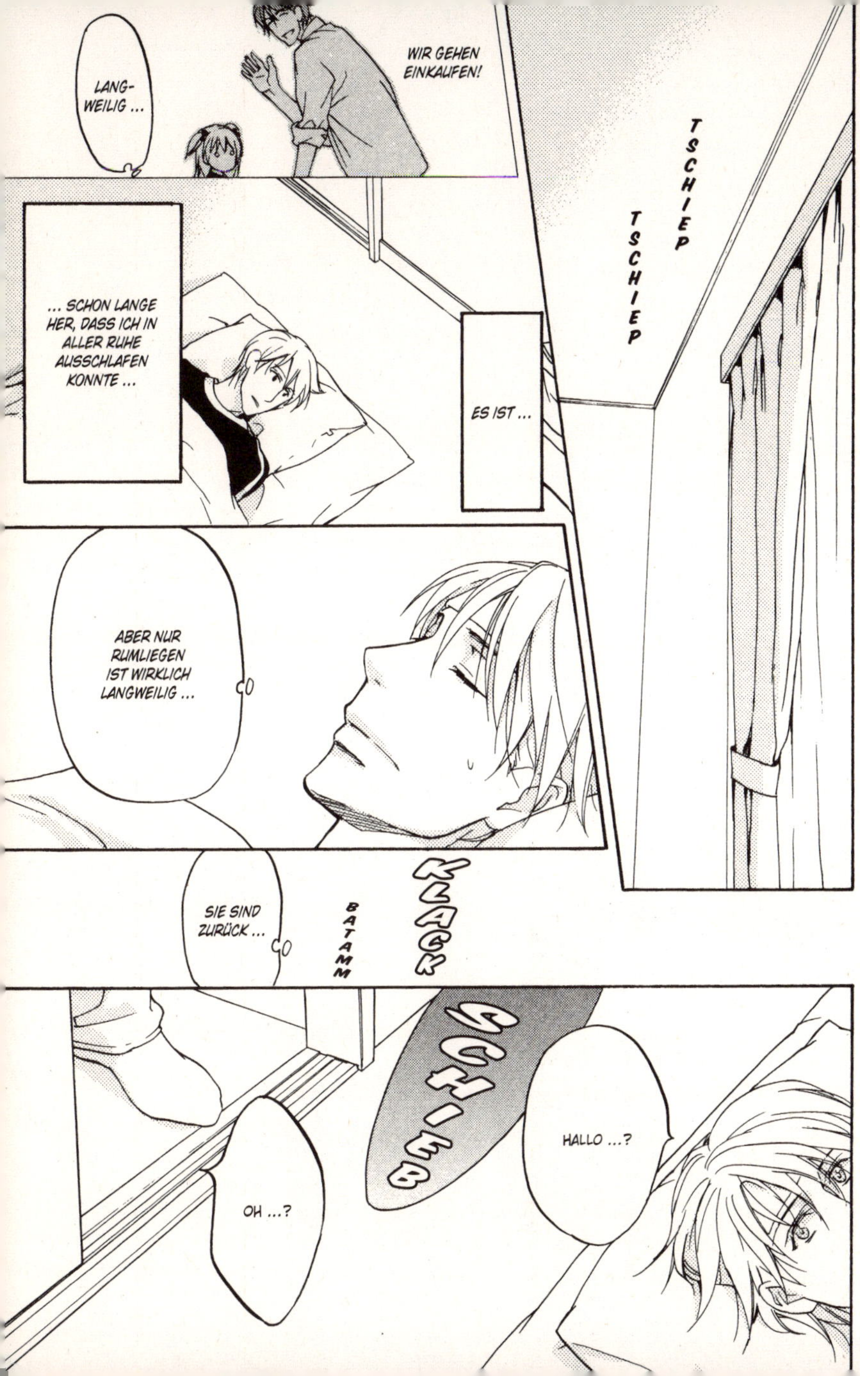

WIR GEHEN EINKAUFEN!
LANG-WEILIG …
TSCHIEP TSCHIEP
ES IST …
… SCHON LANGE HER, DASS ICH IN ALLER RUHE AUSSCHLAFEN KONNTE …
ABER NUR RUMLIEGEN IST WIRKLICH LANGWEILIG …
KLACK
BATAMM
SIE SIND ZURÜCK …
SCHIEB
HALLO …?
OH …?

AH ...
ÄHM ...
DU BIST SHINGO, ...
... ODER?
HÄ?
DU WARST NEULICH IN UNSEREM RESTAURANT ...
AH!
STIMMT, DU ARBEITEST DORT ...
STARR

WAS IST LOS?
ICH DACHTE, DASS ER BEI DIR KEINE CHANCE HÄTTE …
WIE HAT ER DAS NUR ANGESTELLT …?
NE…
NEIN, DAS IST EIN MISSVERSTÄNDNIS!!
ER HILFT MIR, WEIL ICH KRANK BIN …
ICH DACHTE, DU SIEHST SO KRANK AUS, WEIL IHR ES ÜBERTRIEBEN HABT …
WAS SOLL DAS HEISSEN?!
IHR HABT'S WIRKLICH NICHT GETAN?
NEIN.
ACH SO …
DANN IST'S JA GUT.
ICH HÄTTE EIN SCHLECHTES GEWISSEN, WENN ER MEINETWEGEN WIEDER SCHLUSS MACHEN MÜSSTE …

ÄHM ...
DARF ICH DICH WAS FRAGEN?
WAS MEINST DU MIT MEINETWEGEN ...?
NA JA, ICH HAB SCHON OFT ...
... SEINE BEZIEHUNGEN GESTÖRT ...
WARUM?
WIR KOMMEN AUS DEMSELBEN HEIM ...
... UND ICH WAR DAMALS SCHON IN IHN VERLIEBT.
EIN HEIM ...
ICH HABE IHN PRAKTISCH GEZWUNGEN, MIT MIR ZUSAMMEN ZU SEIN.
„WIR GEHEN NACH HAUSE!"
„ICH GEH NACH HAUSE, WENN DU MEIN FREUND WIRST! DANN MUSS ICH AUCH NICHT MEHR FÜR GELD MIT ANDEREN SCHLAFEN!"
„..."

ICH WUSSTE, DASS ER MICH NICHT ABLEHNEN KANN, WEIL ER ZU ALLEN SO NETT IST.
TROTZDEM BIN ICH IMMER WIEDER ZU IHM GEGANGEN, WENN ICH MIT MEINER BEZIEHUNG PROBLEME HATTE, ...
ABER ES WAR MIR SCHON KLAR, DASS ER MICH NICHT LIEBT. DESHALB HABEN WIR AUCH IRGENDWANN SCHLUSS GEMACHT.
... UND HABE IHN GESTÖRT, WENN ER EINEN NEUEN FREUND HATTE ...
ICH BIN SO KINDISCH ...
...
ER IST JA NOCH SCHLIMMER ALS YOSHIOKA ...
ICH HATTE DAS GEFÜHL, ...
... DASS ICH SONST MEINEN ZUFLUCHTSORT VERLIERE ...
ICH WOLLTE NICHT ALLEIN SEIN ...
GENAU AUS DEM GRUND IST ER DANN ABER EINSAM GEWORDEN ...

ÜBRIGENS ...
ICH HABE JETZT WIRKLICH EINEN GUTEN PARTNER ...
ICH BIN FURCHTBAR GLÜCKLICH!
ABER GENAU DESHALB HABE ICH EIN SCHLECHTES GEWISSEN ...
ALSO ICH FINDE, ...
... DASS YOSHIOKA GENAUSO SCHULD IST.
ES WAR SEINE EIGENE ENT-SCHEIDUNG.
ER IST DOCH AUCH ERWACHSEN.
...
DU HAST RECHT.
SOBALD ER SIEHT, DASS SEIN FREUND JEMANDEN FINDET, DER BESSER ZU IHM PASST, ZIEHT ER SICH ZURÜCK ...
ER LÄSST DIE LEUTE EINFACH KOMMEN UND GEHEN.
DESHALB IST ER IMMER ALLEINE.
DANN HÄTTEST DU IHN VON ANFANG AN NICHT STÖREN SOLLEN ...
SEUFZ
ER SOLLTE EINFACH MAL AM BALL BLEIBEN.
DAFÜR IST ER ABER SCHNELL BEIM NÄCHSTEN ...

ES LÄUFT ALSO WIRKLICH NICHTS ZWISCHEN EUCH?
NEIN.
ACH SO ...
WAS SOLLTE DAS DENN HEISSEN?
KLACK
HALLO!
WIR SIND WIEDER DA.
OSAWA, GEHT'S DIR ...
OH ...
HALLO ...

WAS WILLST DU HIER?
WER IST DIE KLEINE?
MEINE TOCHTER.
WAAAS?!
SAG IHM GUTEN TAG!
GUTEN TAG.
BEUG
G... GUTEN TAG ...
SHINGO
TONK
JA! ICH WILL DIR NICHT SCHON WIEDER ZUR LAST FALLEN, DESWEGEN WOLLTE ICH MEINE SACHEN HOLEN.
UND? ALLES GUT BEI DIR?
ÄHM ...
WENN ICH DAS NÄCHSTE MAL EIN PROBLEM HABE, WERDE ICH SELBER EINE LÖSUNG FINDEN. VERLASS DICH DRAUF.

OKAY.
DAS FREUT MICH.
HMPF.
GENAU DAS LÄCHELN NERVT MICH …
DU SOLLTEST ENDLICH EINEN PARTNER FINDEN!
ICH WERDE DICH NICHT MEHR STÖREN.
BLICK
HINGO
?
DAS HÄTTE ICH AUCH PER POST SCHICKEN KÖNNEN.
ICH WOLLTE ES ABER …
BIS DANN!
… SELBER ABHOLEN!
DA SIND NOCH ANDERE KISTEN MIT VERSCHIEDENEN NAMEN …
KANOKO
AKIRA
HIRO
ALLES VON SEINEN EX-FREUNDEN?
OH …
KANOKO? EINE FRAU?

SORRY. ER HAT DICH AUFGEWECKT, ODER?
HAT ER DIR WAS KOMISCHES ERZÄHLT?
ÄHM …
NA JA … ER HAT ZIEMLICH OFFEN ÜBER DICH GEREDET.
WAS?!
WAS HAT ER ER-ZÄHLT?!
DU WARST FRÜHER …
… IN EINEM HEIM?
AH … JA …
UND DANACH BIN ICH MIT FREUNDEN AUS DEM HEIM HIER EINGEZOGEN.
EINIGE SIND GEGANGEN. EINIGE DAVON SIND WIEDER ZURÜCKGEKOMMEN. ES WAR DIE WOHNUNG FÜR ALLE.
JETZT HAT ABER JEDER SEINEN ORT GEFUNDEN UND IST AUSGEZOGEN.

URSPRÜNGLICH WAR'S EINE MIETWOHNUNG, ABER DER BESITZER HAT SIE MIR BILLIG VERKAUFT.
JETZT IST DAS HIER MEIN SCHLOSS!
AUF KREDIT …
MANCHMAL WAR DIE WOHNUNG SOGAR EIN BISSCHEN ZU ENG …
ES IST BESTIMMT EIN GUTES GEFÜHL, SO EINEN ZUFLUCHTSORT ZU HABEN.
HM?
IST ER ETWA VERLEGEN?
„FINDEST DU NICHT, DASS ES MANCHMAL ZU VIEL IST?"
„HAST DU NIE ÜBERLEGT, CHIZU IRGENDWO UNTERZUBRINGEN?"
ALS ER MICH DANACH GEFRAGT HAT, …

... DACHTE ICH, DASS ER MICH FÜR EINEN SCHLECHTEN VATER HÄLT ...
ICH HATTE ES FALSCH VERSTANDEN.
HAST DU NOCH FIEBER?
SST
ZUM GLÜCK HABE ICH DAMALS GESAGT, DASS ICH SIE NICHT WEGGEBEN WILL.
ERRÖT
WAS SOLL DAS DENN JETZT?!
WER MISST DENN HEUTZUTAGE NOCH SO FIEBER?!
WIE?
AUSSERDEM MACHT ES GAR KEINEN SINN, WENN DIE KOMPRESSE NOCH DRAUF IST.
SCHLUMMER
SCHLÄFT SCHON.
ICH WERDE NACH WIE VOR AUFPASSEN MÜSSEN.

Trau dich

Trau dich

Regenwetter

ÜBERTREIB'S NICHT, NUR WEIL DU AUF DEM WEG DER BESSERUNG BIST.
ABER ICH WILL NICHT DIE GANZE ZEIT NUR RUMLIEGEN.
RAH PÜH
NA GUT … ICH MAG DICH JA AUCH, WEIL DU SO EIN FLEISSIGES KERLCHEN BIST, …
… ABER LEG DICH TROTZDEM WIEDER HIN, WENN DU FERTIG BIST.
ZU ZWEIT SIND WIR DOPPELT SO SCHNELL.
ES GIBT VIELE DINGE, DIE MAN NICHT SIEHT, WENN MAN NUR EINE OBERFLÄCHLICHE BEZIEHUNG ZU JEMANDEM HAT …
Trau dich
KAPITEL 6

ALSO?
JA, GUT.
GRUMMEL
HM ...
DASS ICH „ICH MAG DICH" GESAGT HABE, IGNORIERT ER VÖLLIG ...
MEIN BILD VON YOSHIOKA HAT SICH IN DEN LETZTEN TAGEN ...
... STARK VERÄNDERT.
SEINE VERGANGENHEIT ... DASS ER IN EINEM HEIM WAR ... ODER DASS ER ZU ANDEREN SO NETT IST, ...
... IST KEIN GEHEIMNIS. ALSO IST ES NICHT SO SCHLIMM, DASS ICH DAS JETZT WEISS ...
ÄHM ...
DARF ICH DICH WAS FRAGEN?
JA KLAR.
DASS DU MÄNNER MAGST, ...
... HAT DAS VIEL-LEICHT ...
... FAMILIÄRE GRÜNDE ODER SO?
WENN ER AUS IRGENDEINEM TRAUMA HERAUS NUR MÄNNER LIEBEN KANN, WÄRE DAS SEHR TRAURIG ...
NEIN ...
ICH MOCHTE JUNGS SCHON, BEVOR ICH INS HEIM KAM ...
ZUM BEISPIEL YU ... DAS WAR EIN GANZ SÜSSER. WAS WOHL AUS IHM GEWORDEN IST ...?
ALSO IST ES ANGEBOREN ...

DU MACHST DIR ...
... GEDANKEN ÜBER MICH?
NEIN, DAS NICHT ...
ABER ICH DACHTE ...
KEINE SORGE.
ICH HASSE NIEMANDEN ...
... UND ICH HABE AUCH KEINE SCHWIERIGKEITEN, EINE BEZIEHUNG AUFZUBAUEN.
AH ...
BIN ICH ZU WEIT GEGANGEN?
ENT-SCHULDI-GE ...
DENKT ER, DASS ICH VORURTEILE HABE?
OH ...
WIR SIND FERTIG!
ZU ZWEIT GEHT'S DOCH VIEL SCHNELLER.
JA, STIMMT ...
AUF DEN ERSTEN BLICK WIRKT ER OFFEN, ABER IRGENDWO GIBT ES DOCH EINE GRENZE ...

ER LÄCHELT IMMER, DESHALB WEISS MAN NICHT, WAS ER WIRKLICH DENKT.
SCHWIERIG ZU ERKENNEN, WO SEINE GRENZE LIEGT …
MEIN CHEF IST DAS GENAUE GEGENTEIL.
ICH HASSE YOSHIOKA!
ICH HASSE UNFÄHIGE TYPEN!
FERTIG.
ALSO IM ERNST …
IHR KÖNNT WIRKLICH HIERHER ZIEHEN.
VON HIER IST DIE KITA NICHT SO WEIT WEG, UND WENN DU SIE ETWAS SPÄTER HINBRINGST, …
… KANN ICH SIE NACH DER ARBEIT ABHOLEN UND BEI IHR BLEIBEN.
ZZZ
DEIN RESTAURANT UND DIE ARZTPRAXIS SIND AUCH IN DER NÄHE.
UND DU KANNST DIR DAS GELD FÜR DIE ABENDBETREUUNG SPAREN.
AH …
DAS KLINGT ECHT GUT …

MIETE MUSST DU NICHT ZAHLEN.
ABER WENN DU DAS UNBEDINGT MÖCHTEST, …
… REICHT DIE HÄLFTE VÖLLIG.
DAS IST VIEL ZU WENIG.
HAT EINE EINRAUM-WOHNUNG
DAS HABE ICH NICHT VERDIENT.
HMMMM …
WENN DU MEIN FREUND WIRST, …
DAS WÄR TOLL …
DAS WÄRE SCHLECHT FÜR CHIZU.
ACH MANN, …
… SCHON WIEDER …
VERGISS ES.
EHRLICH GESAGT, …
… MÖCHTE ICH EUCH HIER HABEN, WEIL ICH MICH EINSAM FÜHLE.
DAS MEINT ER …
… AN-SCHEINEND WIRKLICH ERNST …
ÜBERLEG'S DIR EINFACH …
JA …
LANGSAM …
… WEISS ICH, WANN ER ES EHRLICH MEINT UND WANN NICHT …

NA ...
WIR SIND FERTIG, ALSO LEG DICH WIEDER HIN!
DU BIST IMMER NOCH KRANK.
JA.
ÄHM ...
WENN'S MIR MORGEN GUT GEHT, ...
... MÖCHTE ICH NACH HAUSE GEHEN.
VER-STEHE ...
MORGEN IST DAS RESTAURANT ZU, ALSO BIN ICH ZUM ABENDBROT HIER.
WENN DU VON DER ARBEIT KOMMST, ESSEN WIR ZU DRITT UND DANN GEHE ICH MIT CHIZU NACH HAUSE, ...
... WENN'S DICH NICHT STÖRT.
DANN ÜBERLEGE ICH MIR MAL, WAS ICH ESSEN MÖCHTE.
TU DAS.

ABER DANN … … KÖNNTET IHR JA AUCH BIS ÜBERMORGEN …
NEIN. IRGEND-WANN MUSS SCHLUSS SEIN.
MIST. ES SOLLTE DIR WIEDER SCHLECHTER GEHEN.
RED KEINEN QUATSCH!
DANN BETE ICH DAFÜR …
WERDE WIEDER KRANK!
HÖR AUF DAMIT!
MANN!
AM ABEND HATTE ICH WIEDER FIEBER, ABER AM NÄCHSTEN MORGEN GING ES MIR GUT.
CHIZU, BIST DU FERTIG?
JA!
TAPP TAPP
KANNST DU DIR ALLEINE DIE SCHUHE ANZIEHEN?
JA!

DANKE, DASS DU SIE ZUR KITA BRINGST.
KEIN PROBLEM.
SO WEIT IST ES NICHT. KEINE SORGE.
DEIN LUNCHPAKET!
YOSHIOKA, DAS IST FÜR DICH.
DANKE!
KOMM SCHON!
UND MEIN ABSCHIEDS-KÜSSCHEN? ♡
ICH KANN'S AUCH SELBER ESSEN, WENN DU NICHT WILLST.
IST DOCH NUR SPASS! NATÜRLICH ESSE ICH GERNE, WAS DU GEKOCHT HAST!
ABER YOSHI ...
...
DANKE FÜR DAS ESSEN.
PASST GENAU IN MEINE TASCHE.
GERNE.

WIR GEHEN DANN.
TSCHÜSS, PAPA!
TSCHÜSS.
DAS OMELETT IST SÜSS UND GANZ LECKER.
OH ...
HEUTE IST SCHÖNES WETTER.
DIE BETTWÄSCHE WIRD SCHNELL TROCKNEN!
SO EIN LEBEN KANN ICH MIR SCHON VORSTELLEN ...
ABER GENAU WIE BEIM LETZTEN MAL KOMMT VIELLEICHT DOCH DER TAG, ...
... AN DEM DAS ZUSAMMENLEBEN NICHT MEHR FUNKTIONIERT.

DIE WOHNUNG IST WIRKLICH GROSS.
VIER ZIMMER FÜR EINEN SINGLE ...
PUH!
DIE WÄSCHE IST FERTIG UND DIE WOHNUNG SAUBER. JETZT MUSS ICH NOCH ...
PRRR PRRR
WER IST DAS?
KANA
GUTEN TAG!
NAOKI!
HIER.
SIE HAT EINE ANDERE FRISUR.

ENTSCHULDIGE, DASS ICH DICH SO KURZFRISTIG ANGERUFEN HABE.
DAS ... ... IST HERR HORIKITA.
GUTEN TAG.
GUTEN TAG.
BUBUMM
WIR ... ... WOLLEN BALD HEIRATEN.
ICH WEISS, DASS DAS EGOISTISCH KLINGT, ... ABER ICH MÖCHTE, DASS CHIZU ZU UNS KOMMT.
ER IST GESCHIEDEN UND HAT EINEN SOHN ... EIN JAHR ÄLTER ALS CHIZU ...
FÜR IHN WÄRE ES AUCH KEIN PROBLEM, DASS SIE ZU UNS KOMMT.
DAS IST ABER ...

EIGENTLICH WOLLTE ICH DIR DAS AM WOCHENENDE ERZÄHLEN, …
… WENN CHIZU BEI UNS IST.
ICH WOLLTE IHN EUCH VORSTELLEN UND DARÜBER REDEN, …
… ABER DANN BIST DU JA KRANK GEWORDEN.
UND …
WARUM …?
IRGENDWIE …
… WOLLEN IHRE WORTE …
… NICHT RICHTIG IN MEINEN KOPF …
AM FREITAGABEND MÖCHTEN WIR SIE ABHOLEN …
AB DANN KANN SIE BEI UNS WOHNEN.
SO PLÖTZLICH …?!
JA, ICH FINDE, DASS ES SO BESSER FÜR SIE IST, …
… SOLANGE SIE NOCH KLEIN IST …
ICH WEISS, DASS DAS EGOISTISCH IST …

ABER ICH BIN SICHER, DASS WIR SIE IN EINER BESSEREN UMGEBUNG GROSSZIEHEN KÖNNEN …
…
DER NEUE PARTNER VON KANA …
… IST ÄLTER ALS ICH UND WIRKT SEHR VERNÜNFTIG …
GNH

GUT ...
ABER ...
... LASS MICH NOCH DARÜBER NACHDENKEN.
JA ... NATÜRLICH ...
DU BRAUCHST SICHER ZEIT ZUM ÜBERLEGEN.
SAG MIR BITTE BIS FREITAG BESCHEID.
CHIZU WERDEN WIR ES SELBST ERKLÄREN.
WAS SOLL ICH BLOSS TUN?
WAS IST DAS BESTE FÜR CHIZU?

KLACK
ICH MUSS NOCH ...
... EINKAUFEN GEHEN.
DIE WÄSCHE ABNEHMEN ...
... UND CHIZU VON DER KITA ABHOLEN ...
„IHR KÖNNT WIRKLICH HIERHER ZIEHEN."
UND DANN ...
WENN ICH MIT YOSHIOKA ZUSAMMENWOHNE, KANN ICH AUCH ...
NEIN, WOZU SOLL ICH MIT IHM DARÜBER REDEN ...
ER HAT UNS EIN PAAR TAGE GEHOLFEN ...
WAS ERWARTE ICH VON IHM?!
WENN WIR HEUTE ABEND NACH DEM ESSEN NACH HAUSE FAHREN, ...

... WIRD ER WIEDER ...
... DER STAMMKUNDE VON FRÜHER SEIN.
WIR MACHEN HACKBÄLLCHEN.
ICH WILL KNETEN.
SUPER, DANN MACHST DU DAS!
OKAY!
KNET KNET KNET KNET KNET
DRÜCK DRÜCK
DING DONG
JA, GUT!
DAS IST YOSHI!
HALLO, YOSHI!
HI.
DU MACHST HACKBÄLLCHEN?
TAPP TAPP
HILFST DU PAPA? GANZ TOLL!
HIHI

HALLO ...
HI ...
HM? GEHT'S DIR NICHT GUT?
HAST DU WIEDER FIEBER?
NEIN ...
DAS ESSEN IST BALD FERTIG ...
DU KANNST VORHER NOCH BADEN GEHEN.
ICH HABE SCHON WASSER EINGELASSEN.
ER HAT EIN GUTES GESPÜR ...
ES IST WIRKLICH SCHÖN, DASS JEMAND ZU HAUSE IST.
ICH BIN NICHT DEINE FRAU!
DU BIST EINE GUTE EHEFRAU.
AUSSERDEM ARBEITE ICH NORMALERWEISE UM DIESE UHRZEIT.
AB INS BAD MIT DIR!
JAPP.
KNET
KNET
EHEFRAU ...

DAMPF
DAMPF
LECKER!
SEIN WUNSCH: → EINTOPF
IN DEN LETZTEN TAGEN IST ES KÄLTER GEWORDEN. BEI SO 'NEM WETTER IST EINTOPF EINFACH DAS BESTE.
UND ES SCHMECKT AUCH!
DAS IST GANZ NORMALER EINTOPF.
NEIN, DAS IST NICHT NORMAL.
DEIN MITTAGESSEN WAR AUCH SUPER.
DU KANNST ECHT GUT WÜRZEN.

EIN SELBST-GEMACHTES LUNCHPAKET UND WARMES ESSEN ZU HAUSE …
DAS IST FÜR KINDER GANZ WICHTIG.
ES SIEHT ALLES SO LEICHT AUS. ABER ES MACHT SICH NICHT VON ALLEINE.
SOLCHE WORTE VON YOSHIOKA …
… MACHEN ES MIR ETWAS LEICHTER …
HMMM … LECKER! WAS HAST DU REINGETAN? VIELLEICHT EIN BISSCHEN LIEBE?
IST NICHT DRIN.
MAMPF MAMPF
AHAHAHA
WIE IMMER!
…
ER HAT SICH SORGEN UM MICH GEMACHT?
LIEBE?

OB ICH JETZT ...
... ÜBER CHIZU REDEN SOLL ...
GIBST DU MIR WAS?
JA, HIER!
PAPA, HACK-BÄLLCHEN!
DANKE DIR.
HAST DU KEINEN HUNGER MEHR?
CHIZU IST DABEI ...
DA IST ES BESSER, DASS WIR UNSERE ZEIT GENIESSEN, BIS WIR GEHEN ...

IHR GEHT WIRKLICH?
JA.
WIESO SCHMOLLST DU WIE EIN KIND?
IHR KÖNNT DOCH NOCH EINE NACHT BLEIBEN.
HMPF
DER EINTOPF WAR GANZ SCHÖN VIEL …
WIR HÄTTEN AUCH REIS ODER NUDELN DAZU MACHEN KÖNNEN.
MORGEN KANNST DU DAMIT MISO-SUPPE MACHEN.
OKAY.
CHIZU, KOMM BALD MAL WIEDER!
JA!
KANNST DU DIR SELBER DIE SCHUHE ANZIEHEN?
JA.
DU HAST WIRKLICH WAS GUT BEI MIR.
SCHON OKAY …
ICH WILL NUR DICH!
WAS REDEST DU …

FERTIG!
RUTSCH
GRRRR
?
PLUMPS

CHIZU, DU BIST WIRKLICH SCHNELL.
ICH HAB NICHT AUFGE-PASST, ...
... WEIL ICH IHM VÖLLIG VERTRAUT HABE ...
NA DANN, GUTE NACHT!
DAS WAR „LECKER".
...
DANKE FÜR ALLES ...
GUTE NACHT!
MORGEN KOMME ICH DICH WIEDER BESUCHEN.
WENN DU NICHT SOLCHE DINGE TUN WÜRDEST ...
HA, HA, HA.

TSCHÜÜÜSS!!
DAS HAT ER ...
... BESTIMMT NUR GEMACHT, DAMIT ICH MIR KEINE SORGEN MACHE ...
GLAUBE ICH ZUMINDEST ...
ODER DOCH NICHT ...?
ES WAR SO SCHÖN, BEI IHM ZU SEIN ...
ER SAH EINSAM AUS, ...
... ALS WIR IHN IN DER GROSSEN WOHNUNG ALLEINE GELASSEN HABEN.

Trau dich
Kapitel 7

„ICH MÖCHTE, DASS CHIZU ZU UNS KOMMT."
CHIZU ZU VERLASSEN …
… WAR EGOISTISCH VON IHR.
RAUSCH
SCHRUBB
KLACK
ABER …
… WENN ICH AN MEINE FINANZIELLE SITUATION UND MEINEN ALLTAG DENKE, …
NOCH EIN HANDTUCH …
… IST DAS BESSER, ALS WENN ICH SIE WEITER ALLEINE GROSSZIEHE …

UND DAS ELTERN-HEFT …
CHIZU, MAGST DU DEINE MAMA?
JA, ICH MAG MAMA.
GUT.
ZUM GLÜCK …
… HASST SIE IHRE MUTTER NICHT, OBWOHL SIE SIE VERLASSEN HAT …
ALSO, SOLANGE SIE NOCH SO KLEIN IST …
DICH MAG ICH AUCH!
DANKE …

UND YOSHI AUCH!
OKAY …
ICH HABE … … EINEN MANN GEKÜSST …
ICH HABE NICHT AUFGEPASST, WEIL ICH IHM VERTRAUT HABE …
WIR SIND ZWAR ERWACHSEN … ABER TROTZDEM …
PAPA?
ICH MUSS ZUR KITA, ODER?
JA.
IM VERGLEICH ZU YOSHIOKAS WOHNUNG WOHNEN WIR ZIEMLICH WEIT WEG VON DER KITA …
WUPP

„ALSO IM ERNST …
… IHR KÖNNT WIRKLICH HIERHER ZIEHEN.“
ER SAGTE SOGAR, DASS ER UNS FINANZIELL HELFEN KANN …
DAS IST NICHT GUT …
SOBALD ICH EINMAL WAS GUTES ERLEBE, GEWÖHNE ICH MICH DARAN …
HALT DICH RICHTIG FEST, OKAY?
JA!
ICH MUSS NICHT NUR AN HEUTE UND MORGEN, SONDERN AUCH AN DIE ZUKUNFT DENKEN …
ICH HABE NOCH EIN PAAR TAGE …
BIS DAHIN …
… MUSS ICH MIR GUT ÜBERLEGEN, WAS FÜR CHIZU DAS BESTE IST.

KLACK
KLAPPER
KONISHI, VERGISS DIE FOLIE NICHT, WENN DU DEN SALAT IN DEN KÜHLSCHRANK PACKST.
KLAPPER
OH! SORRY!
DIR SCHEINT ES JA WIEDER GUT ZU GEHEN.
UND DEINEM RÜCKEN WOHL AUCH.
KEIN BART, KEINE BRILLE ...
ES WAR SUPER ANSTRENGEND OHNE DICH ...
TUT MIR JA LEID ...
DAS LIEGT DARAN, WEIL DU IM KOPF ZU LANGSAM BIST!
WAS SOLL'S ...
ES GIBT SELTEN TYPEN WIE OSAWA, DIE SO SCHNELL LERNEN. SCHADE EIGENTLICH ...
...
UND ...
... HAT YOSHIOKA DICH ANGEFASST?
BITTE?
JA, WIR HABEN UNS ECHT SORGEN UM DICH GEMACHT.

(NA JA, NUR EIN KUSS, ALSO ...)
NEIN ...
WAS BEDEUTET DIESE PAUSE?!!
RÜCK SCHON RAUS MIT DER SPRACHE!
VERDAMMT! DIESER YOSHIOKA ...!
OH MANN, DER LÜSTLING!!
...
SEUFZ
SIE KÖNNTEN ECHT ALS COMEDIANS AUFTRETEN ...
EH ICH MICH VERSEHE, IST DER ALLTAG ZURÜCK ...
DER LIEFERANT HAT SICH DAS BEIN VERSTAUCHT.
WAAAS?
ACH JA, KONISHI, GEH MAL DEN ALKOHOL HOLEN.
RATTER
NICHT WAAAS! SCHWING DIE HUFE!
JA ...
KOMMT ER HEUTE VORBEI?
TAPP
HMPF
MEINST DU YOSHIOKA?
WENN ER KOMMT, WERDE ICH IHN FRAGEN, WAS LOS WAR.
ES WAR WIRKLICH NICHTS!
IM GEGENTEIL, ER HAT MIR WIRKLICH GEHOLFEN.

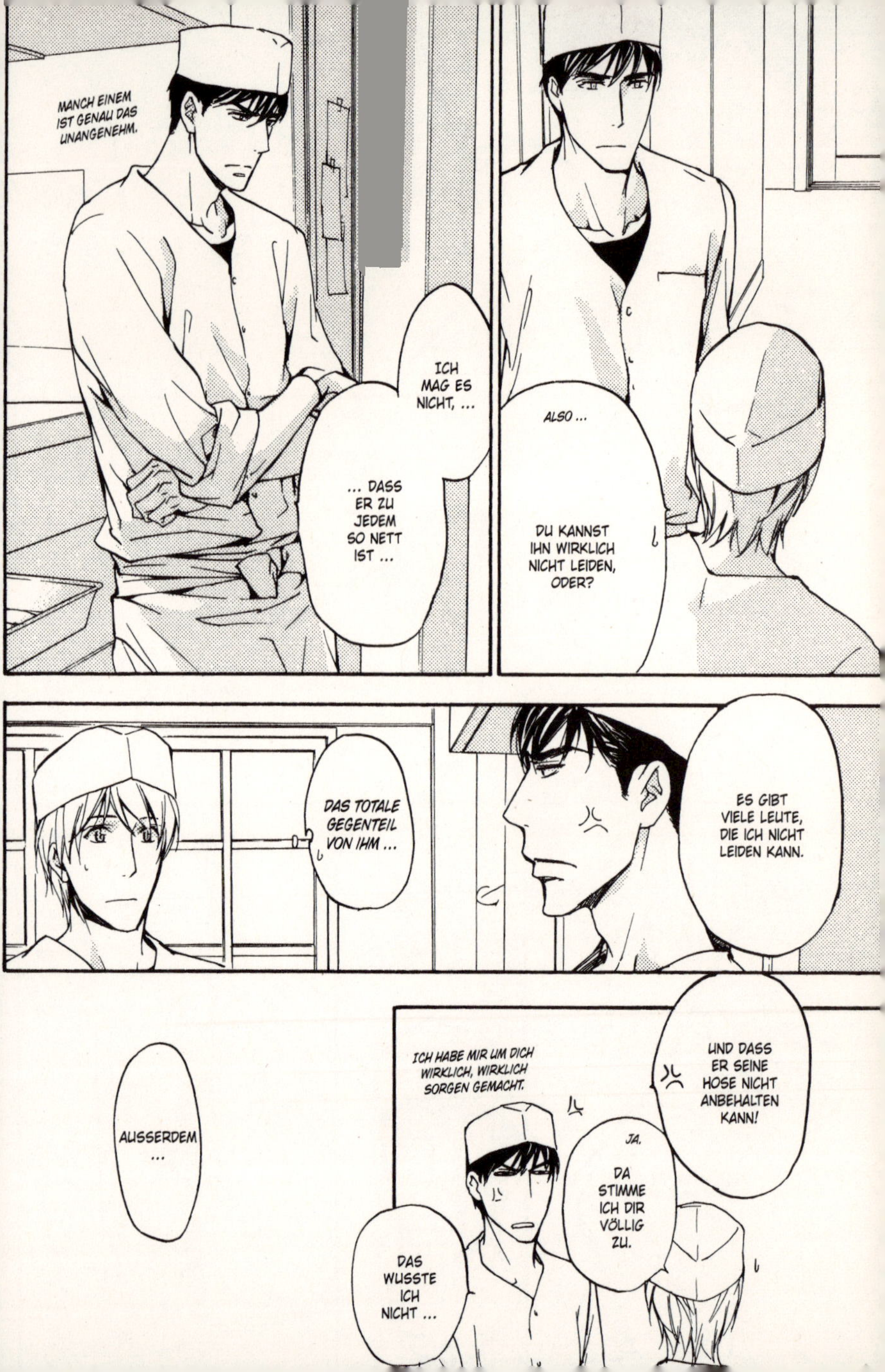

ALSO ...
DU KANNST IHN WIRKLICH NICHT LEIDEN, ODER?
ICH MAG ES NICHT, ...
... DASS ER ZU JEDEM SO NETT IST ...
MANCH EINEM IST GENAU DAS UNANGENEHM.
ES GIBT VIELE LEUTE, DIE ICH NICHT LEIDEN KANN.
DAS TOTALE GEGENTEIL VON IHM ...
AUSSERDEM ...
UND DASS ER SEINE HOSE NICHT ANBEHALTEN KANN!
JA.
DA STIMME ICH DIR VÖLLIG ZU.
ICH HABE MIR UM DICH WIRKLICH, WIRKLICH SORGEN GEMACHT.
DAS WUSSTE ICH NICHT ...

... TUT ER SO, ALS OB ER TOTAL HILFSBEREIT WÄRE ...
ABER WENN ER SELBER PROBLEME HAT, DANN MACHT ER DAS MIT SICH SELBST AUS. DAS MAG ICH AUCH NICHT.
ER LÄCHELT, ALS OB IMMER ALLES GUT WÄRE.
DAS HEISST NOCH LANGE NICHT, DASS ER VIEL AUSHALTEN KANN.
ICH HABE DAS GEFÜHL, DASS ER MICH NICHT LEIDEN KANN.
ES NERVT, WENN ER DANN TROTZDEM SO OFT HIER AUFTAUCHT UND AUF GUTEN KUMPEL MACHT.

ER SAGT STÄNDIG, „LASS DICH EINFACH MAL VERWÖHNEN" ODER „AKZEPTIER DIE HILFE ANDERER", ABER ER SELBST MACHT DAS NICHT.
DAS NERVT MICH WIRKLICH.
...
DAS HEISST, ...
... ES GAB SCHON MAL EINE SITUATION, IN DER DU IHN VERWÖHNEN WOLLTEST ...?
SAG DOCH NICHT VERWÖHNEN, SONDERN LIEBER IHM HELFEN ODER SO! ICH KRIEG SONST GÄNSEHAUT.
WAS?!
ERZÄHL KEINEN SCHWACH-SINN!!
ALS STRAFE LASS ICH DICH UM DEN BLOCK LAUFEN.
WAS SOLL DAS DENN?
ICH KAPIERE DIE SCHWULEN EINFACH NICHT.
MEIN CHEF UND YOSHIOKA KENNEN SICH SEIT DER UNI ...
HA HA HA

ICH VERMUTE, DASS YOSHIOKA IHM WIRKLICH VERTRAUT …
JETZT WIRD GEARBEITET.
DESHALB KOMMT ER IMMER WIEDER HIERHER, AUCH WENN MEIN CHEF SCHLECHT ÜBER IHN REDET.
LÄCHEL
SIE SIND BEIDE GUTE MENSCHEN …
SICH HELFEN LASSEN …
ICH MUSS DOCH NOCH MAL MIT IHM …
… ÜBER CHIZU REDEN.
TAPP
今井

OH ...
ICH BIN MAL WIEDER DER ERSTE!
WILLKOMMEN!
GUTEN ABEND!
ER SCHON WIEDER!
RATTER
SCHEINT DIR GUT ZU GEHEN ...
... IM VERGLEICH ZU GESTERN.
JA, DANKE FÜR ALLES ...
DU HAST MIR WIRKLICH SEHR GEHOLFEN.
TNK
FREUT MICH ...
SCHÖN, DASS DU MICH MIT EINEM LÄCHELN EMPFÄNGST.
HA HA HA!
...
NUR WEIL DU SO VIEL FÜR MICH ...

GRAPP
HEY, YOSHIOKA …
DU HAST IHM NICHTS GETAN, ODER?
(ICH SAG BESSER NICHTS.)
…
NEIN, NICHTS.
DA WAR DOCH 'NE KOMISCHE PAUSE!
TOTAL VERDÄCHTIG!
NICHT SCHLAGEN! ER IST IMMER NOCH UNSER GAST!
YOOSHIIIOKAAA!!
YOSHIOKA, WAS DARF'S SEIN?
ÄHM …
EIN BIER BITTE!
KOMM MICH …
… MAL WIEDER MIT CHIZU BESUCHEN!
UND DEN EINTOPF.
BUBUMM

ICH VERMISSE EUCH.
BESSER WÄRE ES NATÜRLICH, WENN IHR GANZ ZU MIR ZIEHT.
...
CHIZU IST ABER VIELLEICHT BALD NICHT MEHR BEI MIR ...
WENN ICH IHN WIRKLICH ...
... UM RAT FRAGEN KÖNNTE ...
AH ...
VIELLEICHT ...

FLÜSTER
BIST DU SAUER, WEIL ICH DICH MIT DEM KUSS SO ÜBERFALLEN HABE?
WAS DENN?
?
ZU LEISE …
NEIN, DARUM GEHT'S NICHT.
ICH …
GARAAANG
HEY! WUSST ICH'S DOCH!
GUT, DASS ICH DIREKT HIERHER GEKOMMEN BIN.
TAPP
IST NEBEN DIR FREI!?
JA KLAR.
GUTEN ABEND!
ER HIESS MAKOTO ODER SO … EINER VON YOSHIOKAS EX-FREUNDEN.
ENDLICH TREFFEN WIR UNS MAL WIEDER! ALSO SEI NICHT SO DISTANZIERT!
EIN BIER BITTE!
JA.
UND, WAS IST?
POFF

SAG MAL ...
JA?
DU BIST JETZT SINGLE, ODER?
JA ...
BUBUMM
...
WIE WÄR'S, WENN WIR ZUSAMMENZIEHEN?

ICH KÖNNTE DOCH BEI DIR WOHNEN!
WENN DU EINEN PARTNER SUCHST, HIER BIN ICH.
NA JA, ALSO …
YOSHIOKA UND ER WERDEN …
…
Trau dich
Kapitel 8

ER KANN NIEMANDEM EINEN WUNSCH ABSCHLAGEN.
MEINE WOHNUNG IST SCHON …
… FÜR JEMANDEN RESERVIERT.
ÄHM …

FLÜSTER
ER HAT ABGE-LEHNT!
VIEL-LEICHT IST ER KRANK!
FLÜSTER
ALSO HAST DU DOCH EINEN NEUEN PARTNER?
NEIN, …
… NOCH NICHT.
TONK
ER DENKT AN MICH UND CHIZU …
ZU DRITT WÄR ES AUCH OKAY FÜR MICH …
HMM …
DAS WIRD ER ABER WAHRSCHEINLICH NICHT AKZEPTIEREN.
STARR
ICH MUSS IHM SAGEN, DASS CHIZU BALD WEGGEHT.
HEY …
GUCK MAL, ICH GLAUB, ER MEINT OSAWA.
…
…

PATSCH
HEY!
STEH NICHT RUM! ARBEITE WEITER!
AH ... JA!
ALSO DEN EINTOPF, RICHTIG?
FÜR MICH AUCH BITTE!
DAS ESSEN HIER IST WIRKLICH LECKER.
NA JA, KANN MAN NICHTS MACHEN ... DANN WERDE ICH MIR HEUTE ORDENTLICH DIE KANTE GEBEN.
ABER BITTE NUR SO VIEL, DASS DU NOCH ALLEINE NACH HAUSE KOMMST.
HAH ...
ICH WAR MIR SICHER, DASS DU JA SAGST.
DANN MUSS ICH HALT DIE ANDEREN FRAGEN.
SORRY.

ICH MUSS YOSHIOKA SAGEN, DASS ER RUHIG ...
... MIT MAKOTO ZUSAMMENZIEHEN KANN ...
ACH SO, ÜBRIGENS ...
ICH HAB GEHÖRT, DASS SAKUMA UND SEIN FREUND SCHLUSS GEMACHT HABEN.
ACH, ECHT?
JA, VERSÖHNUNG AUSGESCHLOS-SEN ...
YOSHIOKA TRIFFT IMMER WIEDER LEUTE, MIT DENEN ER SCHON SCHLUSS GEMACHT HAT.
UND DAS FINDEST DU LUSTIG?
ICH KONNTE IHN NIE LEIDEN!
WAS FÜR EINE BEZIEHUNG ...
... HATTEN SIE DAMALS?
IRGENDWIE ...
... BIN ICH KOMISCH ...
...

GARAAAANG
GUTEN ABEND!
HIER ENTLANG BITTE!
OSAWA …
OSAWA …
HEY!
GARAA ANG
WUSST ICH'S DOCH!
OSAWA …
ÄH … JA?
TUT MIR LEID …
WAS WOLLTEST DU MIR VORHIN SAGEN?
WAS WAR ES?
JETZT KANN ICH ES …
ICH …
… IHM UNMÖGLICH ERKLÄREN.
… ERZÄHL'S DIR EIN ANDERMAL …

WIRKLICH?
BIST DU SCHARF AUF IHN?
JA.
JA.
WAS? WIRKLICH?
...
IM ERNST?
JA.
HIER, DEIN HASE IST WIEDER SAUBER!
DANKE!
ES GIBT NOCH VIELE DINGE, DIE ICH MIR ÜBERLEGEN MUSS ...
KLIPS
KLIPS

KAUM ZEIT, RUHIG DARÜBER NACHZUDENKEN, ...
ICH MUSS NOCH DAS ABENDBROT VORBEREITEN ...
... UND SIE ZUR BETREUUNG BRINGEN.
... OBWOHL ES NUR NOCH ZWEI TAGE SIND ...
ICH HELFE DIR.
OKAY!
DANN MACHST DU DIE HANDTÜCHER UND SOCKEN.
ROGER!
WAS?
WOHER KENNST DU DENN DAS?
VON YOSHI GELERNT!
ACH, YOSHIOKA ...
ER HAT DICH WIRKLICH IM GRIFF.
GUT MACHST DU DAS!

HEUTE KOMMT ER WOHL NICHT …
MURMEL
MURMEL
ICH HÄTTE DOCH …
… GESTERN MIT IHM REDEN SOLLEN …
GARAAAANG
GUTEN ABEND!
SHINGO …
HI …
IST HIER FREI?
JA!
YOSHIOKA IST NOCH NICHT …
KEIN PROBLEM!
ICH WOLLTE ZU DIR.
DAS LETZTE MAL HABE ICH ES VERGESSEN.
KANNST DU IHM DEN SCHLÜSSEL GEBEN?
KLACK

SEIN SCHLÜS-SEL?!
ER WOHNT DOCH GLEICH UM DIE ECKE ...
DAS IST MIR ABER ...
ICH HABE MICH ENTSCHIEDEN, NICHT MEHR ZU IHM ZU GEHEN ...
IHM HABE ICH SCHON BESCHEID GESAGT.
ECHT ...?
KANNST DU IHN NACH DEM FEIERABEND RÜBERBRINGEN?
IST JA GLEICH UM DIE ECKE.
ICH HÄTTE GERNE PFLAUMENLIKÖR, DIE GESALZENEN FLEISCHBÄLLCHEN UND GEGRILLTE REISBÄLLE.
GERNE.
GRAPP
DANN MACH ICH DAS.
SUPER, DANKE!
DING DONG
P 24
有料

DING DONG
HM ...?
SCHLÄFT ER SCHON?
IST JA SCHON SPÄT ...
ABER DAS LICHT IST AN.
VIELLEICHT BADET ER GERADE. ODER IST EINGENICKT.
ICH KÖNNTE JA MIT DEM SCHLÜSSEL REINGEHEN ...
KLACK
ENTSCHUL-DIGUNG!
PUH
HAST DU GESCHLA-FEN?
ENTSCHUL-DIGE, ICH WOLLTE DIR NUR ...
...
YOSHIOKA ...

S.S.T
DU HAST FIEBER!
DEINE STIMME KLINGT AUCH KOMISCH.
ACH QUATSCH!
TUT MIR LEID!
WIR HABEN DICH MIT UNSERER ERKÄLTUNG ANGESTECKT, STIMMT'S?!
NEIN, ICH BIN NUR EIN BISSCHEN ERSCHÖPFT.
LEG DICH SOFORT HIN!
HAST DU WAS GEGESSEN?
UND MEDIZIN?
ICH WAR BEIM ARZT ...
ALSO HAST DU ES DOCH VON UNS ...

HAST DU WIRKLICH WAS GEGESSEN?
...
ÄHM ... KEINEN APPETIT ...
DIE MEDIZIN HAST DU AUCH NOCH NICHT GENOMMEN!
WOZU DANN ZUM ARZT ...
Ishihara Arztpraxis
DU HAST NOCH PUDDING UND GÖTTERSPEISE IM KÜHLSCHRANK, ODER?
TAPP TAPP
ER HAT EIN GUTES GEDÄCHTNIS ...
ISS DAS AUF UND NIMM DIE MEDIZIN.
SEUFZ
ES GIBT ALSO WIRKLICH LEUTE WIE DICH, DIE GERNE ANDEREN HELFEN, ABER SICH SELBST TOTAL VERNACHLÄSSIGEN!
HAHA
DU HAST ZIEMLICH HOHES FIEBER. ICH BEHALTE ERST MAL DEINEN SCHLÜSSEL.

HEUTE ÜBERNACHTE ICH HIER UND KÜMMER MICH UM DICH.
ABER JETZT MUSS ICH ERST MAL CHIZU ABHOLEN.
GRP
LEG DICH NOCH MAL HIN.
TUT MIR LEID.
NEIN, ...
... MIR TUT ES LEID!
DASS ICH DICH ANGESTECKT HABE ...
ICH KOMME GLEICH WIEDER.
OKAY.
BATAMM
AH ...
WENN WAS IST, RUF MICH AN, JA?
KLACK
ALLES KLAR!
BATAMM

FLÜSTER
SEI SCHÖN LEISE, YOSHIOKA IST KRANK …
PSSST!
ROGER!
IST YOSHI WIRKLICH OKAY?
JA, ER HAT JA MEDIZIN.
DU SCHLÄFST HIER, OKAY?
JA. GUTE NACHT!
KLICK
SCHLAF SCHÖN!
SST
KLOPF
KLACK
YOSHIOKA, …
… SCHLÄFST DU SCHON?
NEIN, BIN NOCH WACH, …
… ABER MÜDE …
AH …
HABE ICH DICH GEWECKT?
NEIN.
KEINE SORGE.

DAS LICHT IST NOCH AN.
KANNST DU OHNE LICHT NICHT SCHLAFEN?
DOCH ...
DANN MACHE ICH AUS, OKAY?
KANNST DU ES EINFACH DIMMEN?
OKAY ...
DU KANNST JA DOCH NICHT OHNE ...
ZIEH
BLEIBST DU, BIS ICH EINGESCHLAFEN BIN ...?

WIE EIN KIND …
HA HA …
NUR EIN BISSCHEN … ICH SCHLAFE EH GLEICH EIN.
OKAY.
„ER SAGT STÄNDIG, LASS DICH EINFACH MAL VERWÖHNEN ODER AKZEPTIER DIE HILFE ANDERER, ABER ER SELBST MACHT DAS NICHT."
WEGEN DEM FIEBER?
VIELLEICHT MÖCHTE ER VON MIR …
… VERWÖHNT WERDEN?
EIGENTLICH MÖCHTE ICH JETZT NOCH SO VIEL WIE MÖGLICH BEI CHIZU SEIN, …
… ABER EIN BISSCHEN …

ER HAT WOHL ZIEMLICH HOHES FIEBER.
YOSHIOKA …
DU SOLLTEST LERNEN, DIE HILFE ANDERER ZU AKZEPTIEREN.
ANDEREN SAGT ER IMMER, SIE SOLLEN BESCHEID GEBEN, WENN SIE HILFE BRAUCHEN, ABER WENN ER SELBST HILFE BRAUCHT …

TICK
TACK
TICK
TACK
OSAWA …
OSAWA …
SCHLAF RICHTIG …
SONST WIRST DU WIEDER KRANK.
HM?
ZIEH

BOFF
UFF
PUH
SCHADE, DASS ICH SO SCHWACH BIN ...
TUT MIR LEID, DASS DU SO KAPUTT BIST ...
LÄCHEL
WAS WIRD ER WOHL SAGEN, WENN ER AUFWACHT ...?
FORTSETZUNG FOLGT

Trau dich Vol. 1

Aus dem Japanischen von Yuko Keller

Verantwortlicher Redakteur: Patrick Peltsch

Redaktion: Christin Tewes

Produktion: Dorothea Styra

Lettering: Studio CHARON

Druck und Bindung: GGP Media GmbH, Pößneck

ISBN: 978-2-88921-464-8